向着科学之巅

他们仨

刘黎琼 著

译林出版社

图书在版编目（CIP）数据

他们仨 / 刘黎琼著. -- 南京 : 译林出版社, 2025.
6. -- ISBN 978-7-5753-0633-1

Ⅰ. K826.1

中国国家版本馆 CIP 数据核字第 2025Q1M635 号

他们仨　刘黎琼 / 著

策划编辑　彭　波
责任编辑　刘自然
特约编辑　刘逸涵
装帧设计　韦　枫
插图作者　六十五便士
校　　对　梅　娟
责任印制　单　莉

出版发行　译林出版社
地　　址　南京市湖南路 1 号 A 楼
邮　　箱　yilin@yilin.com
网　　址　www.yilin.com
市场热线　025-86633278
排　　版　南京新华丰制版有限公司
印　　刷　江苏凤凰新华印务集团有限公司
开　　本　880 毫米 ×1240 毫米 1/32
印　　张　6.25
插　　页　11
版　　次　2025 年 6 月第 1 版
印　　次　2025 年 6 月第 1 次印刷
书　　号　ISBN 978-7-5753-0633-1
定　　价　35.00 元

目 录

致小读者

每株野草都在等你命名

亲爱的小读者们:

很欣慰，遇见这样一本写给青少年的小说，细腻深沉地描述了我们科学家探究自然万物的心路历程，将这兼具了幽美和壮丽的科研工作，如此动人地展示给了你们。

最让我感同身受的人物，自然是身为菌物学家的“外公”。访遍千山万水，无惧雪雨风霜，他痴迷于探寻菌物的踪迹和研究它们的分类；我几乎与他做着同样的事情，只不过我的探寻对象是植物。“外公”对科学的热爱、奉献与坚持，与我如出一辙，没有什么分别。

我出生在皖南山区一个普通农家，自幼与草木为伴，小时候几乎天天上山挖笋、摘野果、砍柴、烧柴，对山川植物有着深厚的感情。即使后来读书的地方是村里的“四无”小学——无校长、无校名、无固定校址、无固定老师，我依然满怀着对知识的极度渴望，始终保持着高涨的学习热情。在大学和研究所期间，我如饥似渴地学习，白天在标本馆分析研究上万份腊叶标本，夜晚就点着油灯或照着电灯研读书籍和文献，每一天都过得非常充实愉快，也为后来的科研事业打下了非常扎实的基础。

跟菌物分类研究一样，植物分类研究也需要大量野外实地考察，这对科研人员的意志品质提出了很高的要求。我曾深入西藏波密泥石流灾区，考察植被与防治泥石流的关系，在随时可能塌方的悬崖边采集植物标本。为追踪濒危的大花黄牡丹，我们在喜马拉雅山连续跋涉七天，最终在北麓找到处于濒危处境的植株。为寻找牡丹、芍药的踪迹，我从国内到国外，从欧亚大陆到北美西部，四处考察，无惧它们险峻的生长之地。为了考察生长在多刺灌木丛中的芍药，我在地中海科西嘉岛爬过荆棘围合的羊专用“隧道”，牛仔裤被扎破，腿上流着鲜血。为了考察植物，77岁时，我还攀登了非洲第一高峰乞力马扎罗山；80岁时，还翻越了喜马拉雅山垭口，到南坡隆子县考察野生牡丹。

孩子们，做科研，有时在旁人看来是坐冷板凳，是“吃苦头”，但只有我们自己能体会其中的热情和喜悦。踏遍千山才有新的发现，无数次实验才有新的突破，这些都足以抵消所有的疲乏和伤痛。这种来自心灵最深处的精神上的满足，是值得拼尽全力去追求的，也希望你们能体会到这种快乐。很多人问我：为什么总有一股“拼劲”？我想这源自一种责任感和使命感，1978年国家提出“科学技术是第一生产力”，让我深刻认识到国家发展要靠科学技术，民族复兴要靠攀登科学高峰。我愿意做沙漠里的仙人掌，保持顽强的生命力和坚韧的意志，在科研道路上不断前行，为国家和民族做一点力所能及的贡献。

你们是祖国的未来。我投身科普多年，一直喜欢跟你们这些孩子交流。你们有那么多新

鲜的、有意思的想法，那么机智，那么勇敢，时常让我感到振奋和欣喜。我爱看你们眼睛里跳动着的求知的火苗。我知道，科学的火种必将在你们手里继续传递，并且会越燃越旺，越燃越高。

你们的老朋友 洪德元

2025年5月

洪德元，中国科学院院士，第三世界科学院院士，著名植物学家。长期从事植物分类学研究，在系统与进化植物学研究领域做出了开拓性的卓越贡献。

序言

千万次俯身，只为一次破土的答案

作为一名植物分类学家，我有时会被问到植物分类学研究有什么用。在我看来，答案不言自明：每一个植物物种都是地球故事的讲述者，而分类学家就是那个忠实的记录者。

多年来，我在山川湖泽间穿梭，探寻植物的奥秘。当我翻开这本《他们仨》，看到故事里的菌物学家（“外公”）痴迷于菌物研究、四方奔走的一生，仿佛又回到了那些充满挑战与惊喜的野外科考岁月，不由感慨万千。野外科考时，我们常戏称自己是“野人”，我们也常怀“野心”，希望探尽物种的奥秘。这本《他们仨》就将我们的这点痴心和执念，以及这种为穷究科学奥秘忘我钻研的劲头展现给了读者们。

科学研究的道路漫长而崎岖，充满了无数的艰辛和挑战，同时也充满了无尽的乐趣和惊喜。科学考察不是浪漫的探险小说，而是需要一群人用生命去书写的严谨契约，但我们无怨无悔，乐在其中。科技突破常如晨曦般炫目耀眼，让世人为之激动，但突破前暗夜里一次次的尝试鲜为人知。我们科研人员深有体会，只有耐得住千万遍重复的寂寞，经得起一次次从头再来的考验，才能收获成功的喜悦。或许这也就是科学精神的真谛——既要有仰望星空的好奇，也要有俯身泥土的耐心，更要在千万次重复观察后依然有求索未知的勇气。

合上这本书，《他们仨》中三位科学家的人生经历在眼前一一闪现，我深为感动，科学家精神竟能在儿童文学的世界里以如此鲜活的姿态得以描述、展现和传承。在科研之余，我也积极投身于科普工作，常感慨于孩子们的奇思妙想，他们有那么饱满的热情、那么新奇的想象、那么热切的渴望。我坚信，热爱和好奇是开启世界奥秘最重要的钥匙。希望孩子们在阅读本书的过程中，真切地感受到科学家的精神力量，领会到科学的真谛，在心中埋下科学的种子。未来的某一天，这颗种子定会生根发芽，成长壮大，继而为我们地球上每一种生物更好地生存发展贡献力量。

是为序。

2025 年 5 月

孙航，中国科学院院士，生物分类学家，长期从事植物分类学研究。

第一章 梦回

外公的步子总是那样迅疾，仿佛脚下踩着无形的风火轮。

风声猎猎作响，他海蓝色的冲锋衣在山风中鼓胀如帆，衣摆张扬，远望像是一棵逆风疾行的劲松。

我挥舞着胳膊，追着他的背影奔跑。但我们之间的距离越来越大，任我怎样拼命迈步，就是无法追上他。

“外公，等等我！”我气喘吁吁地喊，胸腔里灌满高原稀薄的空气。

话音未落，脚下的碎石突然簌簌滚动，整片山坡像活过来一样迅速向我身后游移。

我踉跄着抓住一丛刺柏，尖锐的松针扎进掌心，随后重心不稳，重重摔倒在地。

眼看那抹海蓝色在林间忽隐忽现，最后化作一道流光，消失在墨绿色织就的密网里。

天光骤然暗下来了。

雪峰顶上盘踞的积雨云如同抖开的黑袍，瞬间遮蔽了整个天空。暴雨随即裹挟着冰雹倾泻而下。

我慌忙躲进裸露的岩层凹陷处，听见冰粒砸在花岗岩上迸裂的脆响。

大雨漫灌下，我几乎无法呼吸。

远处传来外公的声音：“小宇，别怕，接着！”

抬头看到一簇雪白正流星一般穿透铅灰色的天幕。

是一个竹荪。

它在疾风中旋转攀升，伞盖每转一圈便扩大数倍，菌丝织就的脉络里泛着珍珠母贝般的虹彩。最终，它变成一把巨大的白伞，猛然插在我脚边的泥地上，将箭镞一般的雨挡在身外。

我怔怔望着伞骨间游走的荧蓝色菌丝，它们像星河流淌在菌盖的褶皱里。

就在倏然之间，像是谁伸出手掌一把掐住了雨的脖颈，雨说停就停了。竹荪也陡然钻进地面，消失不见。

外公立在经幡翻飞的垭口，身形高大了许多，整个人仿佛浸在佛光般的日晕里。

他手中的地质锤还沾着新鲜的苔藓，军用挎包的侧袋还插着半截云杉枝。

“快来看！看我发现了什么！”外公的声音里带着

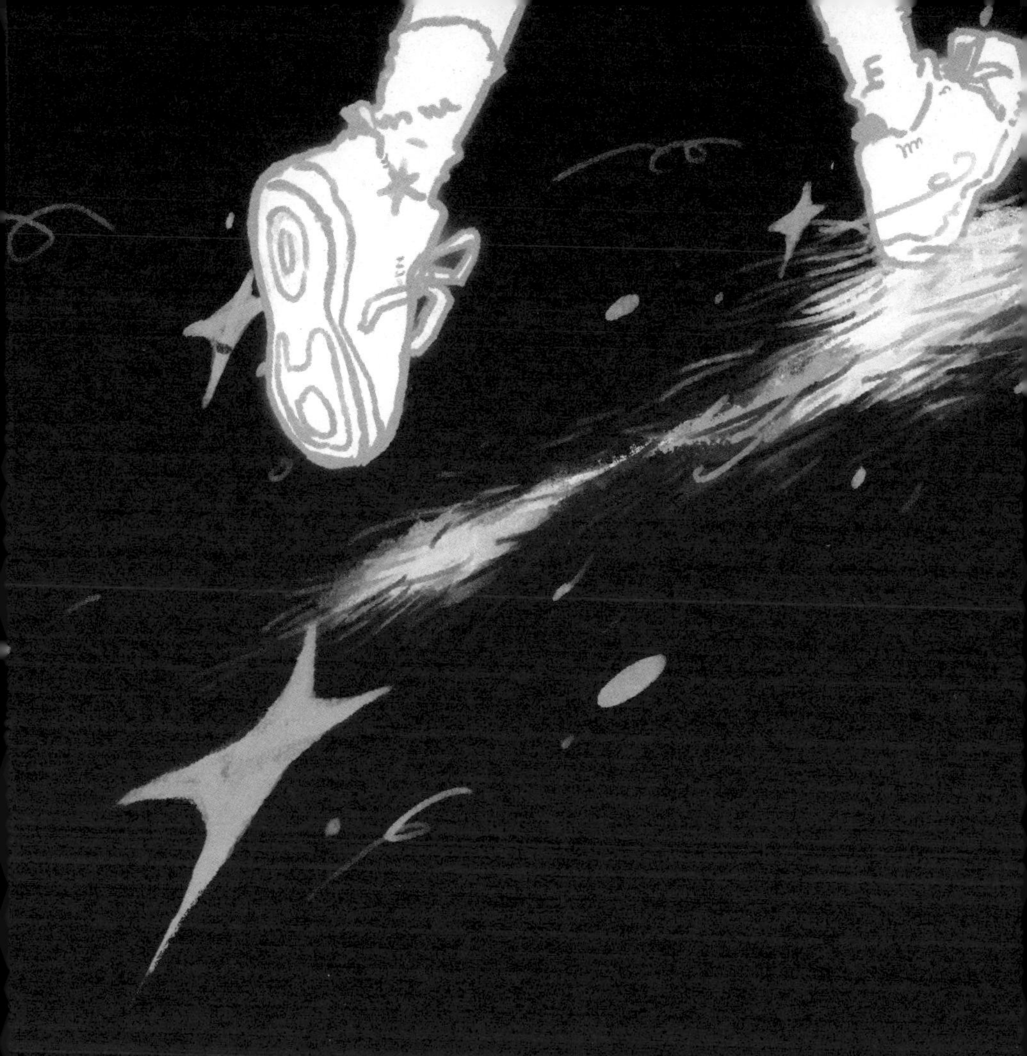

发现新物种的战栗。

我站起身，迈开腿，想要奔过去。冰层深处却在此时传来琴弦崩断的嗡鸣。蛛网般的裂痕在脚下急速蔓延。

冰川裂开了，雪山摇晃起来，雪雾四处飞腾。

外公的身影在钻石尘中忽明忽暗，迅猛的风又把他裹起来了。

他背后的天穹蓝得醉人，那是海拔五千米以上特有的钴蓝色，能把视网膜灼出空洞。

他冲着我喊了些什么，但声音完全被雪崩吞没。

阳光像是无数枚金针，刺得眼痛。外公的身形看不清楚了，看不见了。

“外公，外公！”我发出声嘶力竭的狂喊。

……

“小宇，小宇！”

我睁开眼，外婆正俯身看着我。

头顶的夜灯在她的银发上晕开薄薄的昏黄的光。皱纹在她眼角堆叠，却掩不住眸底的清亮，那是长年凝望星空养就的清亮。

车窗外一片漆黑。火车大概正在穿越漫长的隧道，声音震颤着群山的深处。

“做梦了？”

“嗯……我梦见外公了。”

外婆拍拍我的手。“梦见外公在做什么？”

“还在寻找他的蘑菇们……”

外婆笑了，眼尾的皱纹泛起涟漪，继而叹了口气。她转过身，拿了水杯给我。

我这才感到喉咙里分外焦渴，接过水杯，一饮而尽。

“我以为他能好好休息休息，没想到还是一点儿没改啊！”外婆轻叹。

“您又不是不知道，他就是这样的人啊！”

“一辈子，就跟蘑菇干上了！”外婆笑着摇了摇头。

沉默半晌，外婆拍拍我的肩，轻声道：“继续睡吧！”她转身回到自己的卧铺上。

她躺了下来，关掉了头上那盏小小的灯。

火车钻过重重山。一山过，一山拦。它已见惯，沉稳不惊。车轮碾过铁轨，哐当，哐当，周而复始，像是大地磅礴的心跳。

在这样无穷重复的声音里，外婆沉沉地睡着了。

光阴是一把刻刀，在她面上凿下几重皱褶，此时此刻，这些皱褶在睡眠中松弛了下来，垂坠在面颊两侧，像雪线退却后裸露的山岩沟壑。不知这些看上去如此温顺的纹路里，隐藏着多少惊心动魄。

我轻轻替她盖上滑落的毯子，看到她的枕边放着那部厚厚的笔记本。

那是她的回忆录，这大半年来，她一直在写。

她和外公的一生，就像博物馆里珍藏的旧地图。所有的跋涉与风雪，最终都成了这叠纸上尚未褪色的墨迹。

我仿佛听见纸页间沙沙作响，一定是密密麻麻的字句正在睡眠中轻轻翻身。

车轮仍在向前，群山深处似乎摩荡着深沉的回响。

雪亮的月光时时穿过窗户落进这小小车厢，落在我久久不能合上的眼睑上。

许多旧事纷至沓来，像外婆木箱里的老照片，一张接着一张，在眼前次第翻开。

外公牵着我的手行进在半山……

雨夜里枕着帐篷上不绝的滴答声在外婆身边安心入睡……

长大后一个人在郊野公园的树林里踽踽独行，直到看到一杆路灯……

妈妈端来热腾腾的面，却冲着我歉意地微笑……

…………

往事悬停在半空，带着时光疾行的风尘仆仆颜色。此时它们簇拥在十四岁的门槛前，向我张望着，纷纷跟我吐露着那些关于成长的秘密。

原来，长大就是某个平凡的夜晚，突然发现亲人们正在势不可当地身形佝偻下去，而他们未曾虚度的一生，正在自己年轻的骨骼里再次汇聚并集结成新的力量，丰富着自己，撑持着自己，让自己在悄然无息中完成一次次蜕变。

第二章 投奔

不久前，如一只惶惶然的丧家犬，我来投奔外婆。

一路上，我仿佛是一堆泡沫，在水面上漂浮。我的身体内部，正卷着狂风里的暴雨，有些东西就要分崩离析。

车轮每碾过一道铁轨接缝，就有碎片簌簌掉落。

等漂散的意识重新集结，我终于对周围有所体察。这时，我发现自己跟着人流，已经到达出站口。

眼前的广场人群熙攘，像乌鸦群落，在此聚集，又迅速散开。

我一眼看到了外婆。她站在盛夏的骄阳里，腰身挺拔，撑一把遮阳伞。

伞是湛蓝的，像对着天空打出了一记化骨绵掌，化解了日光猛烈的金黄色。

她对着我微笑招手，像召唤神迹一样，顷刻间召唤出童年的我。我撒开腿向外婆飞奔而去。背包在身后捶打着脊背，里面装着一整个摇摇欲坠的青春。

那一刻，那些所有曾经跟外婆在一起度过的时光，在眼前蔚然长成一棵繁茂的大树，推开炎热的日光，每一枚碧绿的叶子都在喁喁细语。

“外婆！”我扑到外婆跟前，张开双臂抱住了她。

我竟然已经可以俯视她了。

外婆的头发白了很多，用银色发箍箍向耳后，显得格外有精神。

她笑得那么柔和饱满，用力拍了拍我的胳膊说：“长这么高了，差点没认出你来！好孩子，走，回家！”

外婆带我来到了一辆摩托车前。她收了伞，插到摩托车尾部，随后递给我一顶硕大的头盔，自己也戴上了一顶。

她骑上车，摩托车响了，突突突，冒起白色的烟。

我坐在摩托车后座上，抱住外婆的腰。她衣服下的脊骨，像一叠厚重的线装书。

我数着她被风吹乱的发丝，记起幼时躺在竹席上，也是这样数着葡萄架漏下的光斑。

风掀起我的衣摆，蝉鸣忽近忽远，空气里浮着盛夏植物复杂的香气。远山在天际晕开连绵起伏的淡青色，点缀着几片柔白的云朵。

我们穿过人群，跟着风，一直开向野花开满的郊区原野。

经过一条河，一片矮树林，一个镇子，我们一直来到她和外公退居的院子。花香陡然间变得稠密起来。

那个收留了清风、香气和各种动人颜色的院子。幼年时，我曾被“寄存”在这里。

那两年，充满了欢喜和自由的空气。我们仨——两位老人、一个幼儿，大部分时间都消磨在这个小院里。

外公在书房里看文献，整理文章，累了，就到院子里莳弄花草菜蔬，手上围裙上都是泥巴。院子里出产丰富，足够我淘气的，我吃过花，吃过菜叶，吃过黄瓜和西红柿，也吃过泥土和菜青虫。

黄昏，夕阳收敛了白天时候的盛大，洒下来的光是静悄悄、甜蜜蜜的。蝙蝠从洞里出来了，飞过低空，掠过树顶。蜻蜓时时于头顶流连。外公躺在摇椅上，摇椅托着他，悠悠地摇啊摇，趁他闭目养神，我猴子一样偷偷爬到他身上捣蛋。

外婆在厨房里忙活，很快，香气在小院里招摇扩散，一把攫住了我的胃。

这是最有力量的召唤，二话不说，我从外公身上翻下来，噔噔噔，没几步就撞进厨房更浓郁的饭菜香里。

外公那会儿还有些工作要忙，工作日隔三岔五要外出。但每到周末，他和外婆都要带我去拜访周围的崇山大川。是的，他特意强调是去“拜访”而不是“攀登”。他说它们都是有生命的，是朋友；也是神圣的，不容亵渎。

他背着一个陈旧发白的军用包，里面装着馒头和白开水，还有画本和彩铅。外婆背着一个双肩包，里面也装着馒头和白开水，还有一些布兜子。

两个兴致勃勃的黄发老人，牵着一个同样兴致勃勃的垂髫小儿，一起在站台上等车，有说有笑。

公交车越开越远。路渐渐崎岖，空气渐渐湿润，大片的绿色扑过来，打湿了衣裳和头发。

进入眼里的光都是绿莹莹的，我们心情愉悦地行进在山里。

外公一路都在指给我看那些蘑菇，它们藏身在树干上、树根处，还有腐木、枯叶、草丛深处……他说蘑菇是山川雨露孕育的精灵。

他告诉我它们的中文名、英文名和拉丁文名。这些听上去非常辉煌的名字，顿时把蘑菇们一个接一个地照亮了，仿佛给它们罩上一圈魔幻光环，每一个蘑菇都顶着一个光辉的名姓，在闪闪发亮。

有时他会拿出素描本，坐在一块石头上。多数是速写，偶尔也会细描。

清风吹动他几近花白的头发，他眼神专注，笔触温柔。在他的铅笔下，每一个蘑菇都再次闪闪发亮了一回。

外婆将我抱至高处的一块山石上。我向四面八方望去，在崇山之间，直到云的彼端，山气、日光、云影、风声，万物的影像，自然之魅，一点点悄然进入我小小的心灵中，但我丝毫不曾觉察。

我甩开小短腿，努力跟上他们的步伐，但不多久也就累了。走走停停，倒也看到更多奇异的花草昆虫，听到更细微和繁复的声响。山林溪流里一切的生命形式，都让我感到惊异和好奇。

不知不觉中，光线暗下来了，漫山遍野都是落日余晖，松风振振，有如涛鸣。外公将我背起，他的双腿稳健有力，后背像一座宽阔的山。

我听着他和外婆的笑谈声、风在山野里涤荡的哨音、各个方向飘来的鸟啼声，还有一些莫名的极细而远大的声响，只觉得眼皮越来越重，很快就滑进梦里。

风抚摩着我的脸，碎金子一样的夕阳在树梢间闪烁。

外公的筋骨是山石磨出来的。长年在野外奔走，各种地形地貌给予的锻炼和陶冶，让外公的身体格外坚实而矫健。退休后，他隔三岔五还会带几个年轻人一起徒步或者科考，而且从来都是走在前面的那个，让那些年轻人都自愧弗如。

只有一次例外。

那次他和外婆带着六岁的我。

外婆有些担忧，觉得我年龄太小，而川西山脉一带环境险恶多变，有不小风险。但我无知者无畏，坚决要跟着一起去，不肯跟外婆在家里等。

外公蹲下来捏捏我的小腿肚——那里因半年的爬山训练，已结出硬邦邦的“小栗子”。最后，外公用力拍了拍我的肩膀说：“小宇可以的！我们带着他四处爬山，也锻炼大半年了，他的体力和勇气都没问题！”

次日一早，我背着我的儿童登山包，外公外婆拖着两个大行李箱，我们就这么浩浩荡荡地出发去了被称为“蜀山之王”的四川第一高峰贡嘎山。

头三天像掉进童话书里。外公教我辨认岩石上的“地图”——褐色的是铁锈菌，鹅黄色的是石耳，连裂缝里钻出的杂草都有故事：“看这株紫菀，它爷爷的爷爷见过红军过雪山。”夜里听他们继续讲老故事，看到浩瀚的银河从帐篷的缝隙里漏了一些下来。

第四天，暴雨突袭时，我们正在海拔四千米的草甸。我的手指冻得握不住一根细草。外公将我裹进他的冲锋衣里，试图用他的体温保护我。

高烧仍然在半夜时不由分说地袭来了。恍惚间，看见外婆举着应急灯翻药箱，灯影在帐篷上摇晃成巨大的蒲公英。

烧总算退下来了，但整个人依然病恹恹的，一点精神也没有。外公外婆紧急搭了一辆过路货车，让我在最近的医院里住了一周。外婆带来的汤里，沉浮着羊肚菌和鸡枞。外公守着我，仍不忘在窗台上摊开受潮的标本册。午后的阳光暖烘烘的，仿佛在听它们絮叨着山中的故事。

那些童年时的事情，似乎早已埋没在遗忘之川里了。此时竟一片连着一片，在我的记忆里跃然而动，像是绿色苔藓悄悄爬上来，染绿了石头。

只是这几年，我的童年像被遗弃的荒原，遍地野草和腐败的根，几乎被我彻底遗忘。因为，我现在的生活似乎更糟糕，简直是寒气逼人的冰原了。

第三章 彷徨

其实，感觉自己是一个行走的人形失败，这个念头从萌发到壮大，已经颇有一阵子了。

熬夜到凌晨，只为看一本哲学书，探寻人活着的意义在哪里，也颇有一阵子了。

我知道我不该想这些。但一地鸡毛的学校生活和似乎在寂灭中的家，像在身后呼啸着追逐我的子弹一样，驱策着我去怀疑一切。

一些黑暗的想法，扑扇着午夜一样稠黑的翅膀，成群结队地向我的脑子里扑来。

我甚至会胡思乱想：一口气上不来，此身往何处去？

那个从学校出走的下午，像是在宣告过去几年里我的惨痛失败，成为我心上一个探不到底的黑洞。

那天上午考完语文，我就离开了学校。

我似乎看得见那个离开的背影是多么孤单又倔强。

我知道有一万个理由应该把剩下的两天考试应付完，但我的无力感如此巨大，像一大片顽固的阴影，将那一万个理由全部遮蔽了。

我知道，妈妈一定很失望。让妈妈伤心，是我最不愿意做的事情。

对不起，妈妈。这会儿，我没有力气把我自己给撑起来。

我好像看见那些力气，正从我身上数不清的缝隙里漏出去。

自从五年前爸爸猝然离世，她就越来越忙，工作节奏一直在迅猛提速，几乎从绿皮火车升级到高铁列车的速度。

她常常顾不上我。

一年里，她加起来得有三个月的时间在野外考察。其余的时间，要出差，要开会，要出国，没日没夜地加班。

我们在一起的时间都是支离破碎的，像是一块块补丁，打在时间的长袍上面。

她在外地也常发信息给我，与我视频通话，说几句她的情况，顺便问问我学习怎么样。但我的回答永远是“挺好的”。

十三四岁的生活有什么可说的？

坐在教室最后一排，身后是黑板，前面是乌压压的脑袋，最前面还是黑板。

老师站在幻灯前讲课，脸色跟幻灯屏一样白。

换作是我，每天面对四十多个嗡嗡嗡的男生女生，而且是十三四岁的男生女生！一定也没好脸色。

偶尔大陆转过头，跟后排的小米嘀咕一句什么，同时向我投来诡谲的一笑。我知道我的表情冷冷的，都是不屑。虽然我很想知道他说了什么，逗得小米趴在桌子上笑。

我们俩都明白彼此间的憎恶。体育课上我总是能狠狠扑灭他的威风，成绩总压他几个名次，让他这个体育委员和班长怎么也抬不起头。

他带着他的几个小喽啰，时不时就要来找我麻烦。就只说上个月——操场上踢球，他们故意使绊子，让我摔得满口血；趁我没注意，往我校服兜里装了几把沙子；起立跟老师问好，正要坐下来，突然抽离我屁股下的凳子……总之，罄竹难书。

我曾经扑上去，跟他们扭成一团。然后鼻青脸肿地站到班主任跟前，听他们编派我的不是。然后班主任找来我妈妈，夹枪带棒地数落我妈一顿。

我受不了这个。

我选择不反抗。由他们去。

也许不理睬就是最大的蔑视吧。

何况，我好像对一切都没了兴趣。我曾经如饥似渴钻进去的侦探小说，也看得越来越少了。妈妈买回来的新书，都在书架上无聊地吃灰。

我的头脑好像被闪电劈开了一道深渊，我的热忱、

兴趣和爱好都掉啊掉，掉到深渊里了。

有时候在夜里，我突然醒过来，身体因为充沛的休息而彻底打开了，仿佛长出了许多触角，向这个促狭的长方体的时空里伸展，小心地探触着。

屋子里的黑暗是不均匀的，有些地方浓稠得化不开，有些地方透着黑暗特有的光泽，像丝绸般光滑，还有些地方像是黑夜的弱点，隐约漏出些细碎的可疑的光。

我总会盯着阴暗的墙角看。

我觉得那里一重阴影叠着又一重阴影，在重重影的最深处，有一个被禁锢在里面的小幽灵。它无声无息，正凝视着我。

说不怕是违心的。我甚至想开口求救。

但是妈妈不在我身边。

她有可能在青海湖畔某个荒村旅店里，也可能在距离云南某个深山蝙蝠洞数十公里的小村野店里……这么深的夜，她一定和她那堆实验记录本一起，睡着了。

考完语文，大陆又故意来找茬。本来我不想理他。偏偏这时候，我看到斜前方的小米正好转过头，有些似笑非笑的样子，目光落在我脸上，像是无意，又像是有意。一股气血上涌,我也不知道自己回骂了他什么。只知道语言还没交上锋，他就恼羞成怒，掀翻了我的午饭，菜汤和米洒到我的课本上、衣服上，流了一地。

我们扭打在一起。

打得真痛快，我觉得全身都长出了拳头。

大陆的拳头落在我身上时，并不疼，反而让我莫名感到很快活。

教室里有几套桌椅被我踢翻了。桌上的书本和文具乒乒乓乓散落了一地。

到处是大呼小叫，像炸开了的鸡窝一样热闹。真的是——大型灾难现场。

小米叫来了老师。她的表情很惊慌。

她惊惧于我这样一个长年的“闷葫芦”，竟然是一座沉默的火山。对不起，吓着你了。

没有任何悬念，我被老师推到教室外面罚站。在走廊里站了一小时，来来往往的目光，像热带雨林里各种鲜艳的昆虫，纷纷落在我的身上。

我很坦然地面对这些目光和窃窃私语的咬啮。至少，我觉得我很坦然。

大陆跟老师去了教师办公室。回来时，他走到我跟前，狠狠剜了我一眼，抬脚走了。

就是在那一瞬间，没有缘由的，万念俱灰。

我到底是谁啊？站在这里，被人指指点点，随意嘲笑，还非要装成这副满不在乎的模样？自欺欺人，可怜可笑。

身体里像忽然掀起一场冰雪暴，寒气上窜，直接封冻了我的头脑。我拔腿就往楼下跑，好像被一条疯狗追着。

我跑出教学楼，跑出校门，跑到大街上。

各种车辆嘶吼着来去，像在躲避夏日暴虐的光线。

眼皮上有金色的星芒跳来跳去，看远处像是隔着一层灰蓝色的霾，万物都熔化了，形状和颜色悉数坍缩。

我停下脚步，旁边就是公交车站。

我抬腿上了一辆刚到站的公交车，管它去哪里呢，只要能离开这里。

公交车像一头衰老的怪兽，吼了两声，终于启动了。白烈烈的阳光像一簇簇箭矢，打在车窗上啪啪响。建筑、店铺和人群在视线里向后退去，又不停涌现，永无休止。

在车上这么颠腾着，不知怎的就睡着了，做了个短促的梦，梦境如同一座昏黑的迷宫。

妈妈，爸爸，大陆，小米，校园，家，马路，高楼大厦……

被司机叫醒时，完全不知今夕何夕，还以为自己踏进了异次元空间。

手脚酸麻。脑袋像被细铁丝箍了一圈又一圈，疼得要裂开。

从那些绵延不绝的疼痛里，烦恼绵延不绝地爬出来。

终点站是个荒凉的郊野公园，像一卷被随意丢弃的废纸。

我就在这团废纸里晃了一下午。

一只乌鸦从枝头掠过去，天色哐啷一下就黑了。空气里有种极细小的声音，像爬虫纤细的脚扫过万物的表面。

这时候，我听到肚子像战神吹响了冲锋号，发出惊人的轰鸣。

还好四周没有一个人。

在一棵开满花的忍冬下，有一块长条形的石头，我躺了下去。

石头是热的，吸足了夏天。后背暖烘烘的。嶙峋的骨头压在石头表面，很硌人。

裤子外兜里的手机滑了出来，落在杂草堆里。

我想了想，将它捡了起来，并开了机。

噼里啪啦一堆信息争先恐后跳到首页上来，就像暴雨前缺氧的白鱼纷纷跳到水面上来一样。

都是妈妈发来的。

她试图用这些信息来捕捞在人海里消失了六小时的儿子。

她一定急坏了。

但我不知道该怎么办。

我仰躺在那里，看到月亮已经在东边天上了，薄薄的一片，被风巨大的锤子砸扁了。

月亮的脚边还有一颗银色的星星。

过去的这一年，有很多个深夜，困倦的我跟着妈妈，顶着头上这一瓣两瓣的月光、一点半点的星光，从她的实验室走出来，在一条法国梧桐荫蔽着的长路上走二十分钟，回家。

我们很少说话，就那么慢慢地走着，把路和沉默走得又瘦又长。脚下的影子隐没在斑驳的树影里，有时也会被汽车雪亮的车灯击碎。

郊野公园里残破的路灯渐次亮了，有不少已经完全坏掉。有光的地方迅速聚来密密的飞蛾。

我看见自己投在地面上的影子像一片碎掉的冰。

不知不觉间，我陷入深沉的睡眠里。大脑内仍然在鏖战不休，像是个战场。

再次睁开眼，直觉到旁边坐着个人。猛一激灵，我惊坐了起来。

是妈妈。

她无声无息地看着我，虽然面色是疲惫的，但眼神还是那样清亮。四十多岁的人了，还能有这么清亮的眼神。

她什么也没问，只弯腰帮我整整衣服，又深深地看了看我的眼睛。

即使你搬来实验室那一堆显微镜来帮忙，妈妈，你也看不懂我的心事，它们比那些病毒的结构复杂多了。要知道，我自己都弄不清。

她只是挽起我的胳膊，轻轻地说："走吧！"

公交在暧昧的霓虹里穿行，像漫游在深海一样的梦境里，有种科幻里的末世感。

"像是在'盗梦空间'里。"坐在旁边的妈妈忽然说了一句。

我看向她，她脸上交织着霓虹的艳光和黑夜的阴影。她轻轻笑了一下。

看电影《盗梦空间》时，爸爸还在，我坐在他俩中间，沙发很软。爸爸难得休息，还没看几分钟就睡着了。妈妈似乎也很快就去电脑上忙她的事了。

再一次，只有我自己空对着电视屏幕。

但我已经习惯了这样。

DVD 机发出轻微的噪声。屏幕上画面飞速变化。

快凌晨时，还下了场雨，哗哗击打着窗户。我被电影刺激得过于兴奋，辗转反侧，很久才睡，也跌入梦的迷宫里。

一个梦嵌套着另一个梦，带着重重的幻影，很多梦互相纠缠，互相投射，互相拆解，互相角力。

然后，没过多久，爸爸就没了。他常说感觉特别累，哪儿哪儿都不得劲。那天，他在手术台上给病人缝合创口的时候就觉得非常难受了，但还是坚持做完了那台手术。在那台手术之前,他还连着做了三台手术。凌晨，他开车回家，那辆醉驾的车横撞而来，他是真累了，反应慢了太多。

这个家突然间变得格外空旷，而我却在向无限小里退缩，就剩下一个空核。

我躺在床上，大睁着眼，惊恐地瞪着天花板。天花板好像被某种无形的力量拽着，一直在往高处上升，同时在扭曲变形。

那半年，妈妈卧室的灯常亮到凌晨。然后，她就越来越忙，越来越忙，我的功课也越来越繁重，我们都自顾不暇。

两条在深海里慢慢游动的灯笼鱼，各自靠自己的一点微光，试图洞穿绝壁一样坚固的黑暗。

但妈妈刚才这淡淡的一笑，似乎有一股暖流的力量。我觉得心里某处的坚硬有些松动。

快到站了，妈妈伸出手，再次挽起了我的胳膊。

这回我没有转头看她。

心里突然莫名有些肿胀，酸痛感一直冲到眼角。

我知道眼泪潜伏在薄薄的眼睑后面，即将冲决而出。

我笔直地坐在那里，一动也不动，我不想在妈妈跟前暴露我的软弱。

到家时快九点了。

我一眼看到沙发上放着我的书包。我丢在学校里完全忘在脑后的书包。像是一个鼓鼓囊囊的谴责。

妈妈脱下衣服，换了拖鞋，洗了手，就径直走进了厨房。很快，她就从厨房里出来了，端着两碗热腾腾的方便面，又端出来一碟榨菜和一碟咸鸭蛋。

她满是歉意地说："冰箱里什么都没有了……"

她一向不擅长厨艺。记忆里，她最常做的就是煮挂面或者方便面，加个鸡蛋和几根青菜。她会买回好几箱牛奶堆放在那里，去稻香村买回一堆牛肉和蒜肠冷藏和冷冻。爸爸在时，总是爸爸做饭，爸爸的手艺比她好那么有限的一点儿，但他只要在家，总是很踊跃地穿上围裙，钻进厨房。

后来，我家的冰箱经常空得像一座被丢弃的城池。妈妈太忙了，也健忘。

我顺从地吃完一碗面，她也低着头慢慢地吃。

我在洗碗的时候，哗啦啦的水流声里，听见她在跟谁讲电话。

她声音很低，我断断续续听到她说："他心里过不去这坎儿……""您说得对，但我确实不知道该怎么办……”

临睡前，她问我：“要不要去陪陪外婆？她很想你。”

我没说话，虽然我很想念我的外婆。那位总是笑眯眯的老人，仿佛周身都在向外散发磅礴光芒。但我怕外婆看见这样的我会失望，我已经有三年没有去她的城市看她了。

“我想想。”

关上卧室的门时，我看到妈妈向我挤出了一丝微笑，像风吹起来的一朵孤零零的蒲公英。

妈妈会不会以为我得了重度抑郁症？

妈妈，我整个人比废弃的塑料瓶还要废还要空，全身都是洞，四处都在漏风。

灯灭了。

黑暗迅速爬上我的头发，进入我的喉咙，流窜到全身，捏紧了我的手指和脚趾。

城市的上空看不到一颗星。

霓虹和别人家的灯火侵入了我的卧室。

“振作起来。”我知道妈妈想跟我说这个。

没人知道这有多难。我不知道她是怎么振作起来的。

人们从外表看你，只能看见你的外形，看见你是统一的，边界完整清晰。

没人能看出，你的内心就像刚经历一场大爆炸，自我化成了碎片，散落在看不见的黑暗里。

但我知道，我渴望重回完整。

我渴望从那些裂缝里，有光照进来。

第四章 我们仨

我从自己杂草丛生、兵荒马乱的生活里逃离，逃到外婆身边，到现在只有十多天而已。

此时此刻回想起来，竟有种隔岸观火的感觉。仿佛与过去隔了一道遥远的河岸，此岸的风景已迥异。而对岸的自己幼稚得决绝且天真得执拗，竟让自己也感到了几分陌生。

白天，坐在疾驰的列车上，看窗外的高原景色倏忽变幻，却又无限广阔。夏季的草丰润且高，给地面铺上广袤的绿绒毯。一只鹰在高空滑翔，翅膀压着风。远处矗立着雄伟的雪山。那冰清玉洁的雪山，不为风云变幻所动，坚韧了上亿年。云静静地停在雪峰顶，像是在进行一场荣耀的加冕。

年年岁岁花相似，岁岁年年人不同。眼前这雄浑的几乎永恒的世界，几乎让自己那点悲欢变得极其渺小和不值一提。

外婆翻了个身，轻轻嘟囔了一句什么，没有听清。毯子滑落下来，几乎要掉到地上。

我赶紧起身用毯子给外婆盖严实。后半夜的寒气顺着窗缝渗进来，空气里有种凛冽的凉。

这时，我的目光再次落到外婆枕边那个笔记本上。靛蓝的封面，像天空延展到无穷远之后流到尽头的那种蓝，上面掠过一只雪白的鹰的剪影。

我几乎不假思索地将它拿在了手里。回到我这边的卧铺，斜靠着墙坐下来，将它郑重地摊在膝盖上。

抬手拧亮头顶的小灯，出来一小圈乳黄的光晕。光晕漫过封面，照出经年累月的指纹印。

我打开扉页，上面是外公用钢笔潦草手写的两行话：

世界很大，没有我们的脚步大，

更没有我们的心胸大。

最后那个“大”字的捺笔微微划破了纸面，裂痕里似乎卡着细小的沙粒，不知是昆仑山的雪碴，还是柴达木盆地的风沙。

这是外公生前想要启用的笔记本，外婆用它写了“我们仨”的故事。

楔　子

窗外雨潺潺。

雨连下了两天，书房里的光线都是潮泅泅的。

我开了灯，灯光也有点迷蒙。

梃之，跟以前一样，一下雨，我就犯困，你老笑话我睡不醒。我确实没有你精力好,你从来不午睡，总是那样兴致勃勃。

我刚刚正在睡午觉，盖着你最喜欢的那条绒毯，女儿去西藏时特意带回来给你的那条；自从你去后，我一直把它放在书房的榻上，冷了就拿它挡一挡寒气。它总是很暖和，好像自己会发热。

醒来时，还有点恍惚。发现睡前在看的那本杨绛先生的《我们仨》掉到了地上。

梃之，当我低头捡起它，将它摊在腿上，就如电光石火一般，刚才做的梦在眼前出现并且栩栩如生。

梦里你从院门外走进来，高声喊我的名字，风尘仆仆的，头发那么长，像顶着个鸟窝，脸还是那么黑，但好大一个笑容，眼睛还是那么纯净，一口白牙闪闪发光。

逢一似乎只有五六岁，见到你不敢认，直往我的怀里钻，要逃开你的双臂。

你一把抱起她，高高举起，你俩的笑声那么真实，让我不相信是在梦里。

一眨眼的工夫你就老了，坐在院子里的摇椅上，戴着老花镜，认真地审读那本砖头一样厚的《真菌志》的样稿。

光很暗，不知哪里来了股风，将纸稿刮得到处都是。

忽然间，纸稿都消失了，消失在一道光里，到处是鲜红的花瓣在飘飞。

风吹得我睁不开眼睛，我只顾喊你，但没有应答。

风定了，再去找你，你不见了，摇椅还在晃。

在蓦然而至的一点悲恸和泪光中，我的视线停在眼前这本《我们仨》上。

也不知看了多久，无声无息的。

梃之，我忽然有所觉悟。我知道我应该做点什么了。

杨先生用她那不凡的笔墨，在虚虚实实之间，写出了时代和命运的无常以及一家三口在无常中的紧紧相拥，那么清透，那么悲伤，那么愉悦。

而我有你，有逢一，我们仨也拼尽自己的心力，在我们所热爱的疆域里，在我们所处的这个时代里，做我们能做的，献出我们能奉献的。

也许是神经有些驽钝，也许跟面对的对象是无穷世界有关，我们仨从生活中所感受到的，并没有杨先生那么沉重；那种精神上的受刑感，并不存在于我们仨这个星系；我们所遭遇的种种艰辛，不过是要去克服和终将克服的问题。

那么，梃之，我也来写一点我们仨吧。我们的家是一个小小的星系，里面旋转着三颗美好的星球，彼此独立,又紧密相连。我们的星轨虽有不同的来处，却在重叠中延伸，并且自有它稳定的不为所动的运转轨迹。

梃之，当你在天山、在西藏、在秦岭、在武夷山……在大地的任一个隆起和沉陷里，孜孜矻矻，不倦寻找你珍爱的菌物时，我就守着我的天文台站，日复一日凝视着星空，那些繁星是万千渺茫中传来的悠远的歌声。

我们的逄一，虽然这么娇小，却能始终在她的方向上一点点掘进，不退缩，也不懊悔。细菌和病毒的世界，传染病的世界，但凡经历过 SARS 的人，知道一点埃博拉的人，任谁都不能无动于衷。她比我勇敢，甚至比你也勇敢。

好在，我们每日都能在同一首宇宙的恢宏交响曲里入眠。

这里的一切将比我活得更久长，
一切，即便是破旧的鸟巢，
以及这空气，春天的空气，
它刚好完成了越海的飞行。

而一个永恒的声音在呼唤，
蕴含着非尘世的不可抗拒性，
在鲜花盛开的樱桃树上空，
轻盈的月亮流溢着清辉。[1]

宇宙有多么广大，人类就有多么渺小。正是这样没有尽头的岿然不动的浩瀚，让我觉得我们的存在是何等偶然和短暂。所以我更加迫切地感受到每一分钟都是来之不易，每一个身边的人，我们的相逢，

1 该组诗句引自俄罗斯诗人安娜·阿赫马托娃的《海滨十四首》（汪剑钊译）。安娜·阿赫马托娃（1889—1966），被誉为“俄罗斯诗歌的月亮”。代表作有《安魂曲》《大地茫茫路漫漫》等叙事诗。

尤其是和你、和我们的逢一，都需要被格外珍视。

梃之，逢一，当我们仨分别置身在遥远的时空坐标上，各自沿着自己的星轨有序转动和运行时，我的心一直跟你们在一起；而我投向天空的每一注凝视，都是一道追寻的光束，追随着你们俩的每一步行走。何其有幸，今生相遇。

虽然再不能见到你，但我相信在另一个平行宇宙里，你正意气风发地行走在你的人生里。而在这个宇宙，你仍是我们的小星系未曾分崩离析的原因，你的星球虽已坍塌崩毁，但你的引力仍在，且将永在。

虽然我们的星系终将被时空收走，我们仨终将化作星尘，但这些碎片将回到宇宙中，进入无限的死亡又重生的轮回之中。我们曾经存在，必将继续存在。我们永不消逝。

你是我唯一的连海洋也不换的河流。

你是我唯一的连宁静也不换的声音。

你是我唯一的胜过无限的有限。

你是我情愿不要神也要的唯一的人。

你是我情愿不要永恒也要的唯一的今生。[1]

/

梃之与我第一次见面时，在那时的眼光里，彼此都已是老大不小的年龄了。但见到就觉得似曾相识，互相都有些好感。天文学大概解释不清楚这种奇妙的引力。在那之前，我们也曾各自短暂交过男女朋友，后来的我们都对那些有心无心的错过心怀感激。

我们关于少年时的记忆有很多相似，曾经那么饿，那么渴望吃点什么，以至于即使现在想起小时候，竟也仍然感觉到记忆本身都已被饿扁，直发绿。我们有废弛了数年的青春，他在乡下的漠漠水田里晃

1　该组诗句引自委内瑞拉诗人何·曼·布·格雷罗的《你是我唯一的连海洋也不换的河流》（赵振江译）。

荡，我在寂寥的城市街道里晃荡，看草，看虫，看别人，看自己，越看越寂寞。

好在我们都各自遇到了引路人，他们改变了我们一生的轨道。若没有那位下放到农村去的薛老师，没有那些个黄昏时漫步在田野上的聊天，梃之仍然会继续漫无目的地晃荡。若没有那位在图书馆里工作的何老师，没有她偷偷塞给我的书籍和赞许的微笑，我也不能想象后来会有怎样的自己。

那样一个大风起兮云飞扬的时代，我们不是被狂风吹到了天上，就是被骤雨打落到泥土里。没有人能够自主。是老师们敏锐觉察到了一些变化，意识到一些可以把控住的事体正悄然前来，于是鞭策着我们，引领着我们，于是我们才能分别在 1977 年的冬天和 1978 年的夏天考上同一所大学。

在那些年里，我们对参加社会活动没有兴趣，几乎全部精力都用在了学习和读书上。教室和图书馆，是我们不约而同最爱去的地方。

好像有个名人说过，即使人类全部覆灭了，只要还有图书馆在，人类文明就有永久存在的希望。图书馆里总是人满为患，大家都像在跟过去赛跑，想要把愚昧的浮浪的自己抛在过去的河流里，想要用书籍和智慧的魔法给自己换一个新的躯体。

我们有过几次擦肩而过，有过同在一间阅览室读书的经历，但即使在图书馆里，大家也都是那么行色匆匆，唯恐浪费一分一秒。

有一天晚上，突然停电了。同学们匆匆撤离。我在馆内的最深处，摸着这一片漆黑，一点儿一点儿向外挪步。然后看到一点微弱的光在前面摇曳，向我飘过来，还好，有人类的脚步声，我按住心跳，走近前，看到了一个瘦高的男生。他竟然随身带着手电筒。他说听到里边传来窸窸窣窣的声音，所以来给这位踉踉跄跄的读书人一点光照。

他有好听的声音。

他就是梃之。

梃之在前面，我在后边，走出了图书馆。出来后，满天的星斗在头顶闪烁，像是天河里飘荡着无数白色花朵。

穿过一个花木掩映的大园子，各种投下的暗影也带着花的香气似的，我们没有再说话，鼻子里浮动着这些浅浅的香，心里都有点小小的异样的波荡。

此后，就时常会在图书馆里见到，点点头，微微一笑，各自抱着各自的书，去到不同的桌子前。心里却有点不一样了。好像不再是孤军奋战，而是有了支援和扶持一般。后来，不知从哪天起，就各自抱着各自的书，坐在了同一张桌子前。

常坐的那张桌子正挨着窗。

窗外有一棵垂丝海棠，一棵高大的柿子树。春日里，一树浩繁的海棠，像是拼尽了一生的气力在开花，每一朵花都那么诚恳，那么坦荡。秋天时，树上挂满金黄的灯笼大的柿子，照着窗楣，有鸟会飞来啄食。

我们的目光终于从书本上拔出来，看向那些花，那些柿子，和飞来又飞走的鸟。

有一天，我们相视一笑，从书桌边站起，像两道欢快的溪水，翻动着愉快的浪花，一直流到园子中央，流进那一泓水流脉脉的池塘边。

秋水比其他季节的水格外担得上“静”字。

四周秋柳垂立。

我们坐在石头上，隔得很远，看着水面的波纹和招摇的水草，秋阳淡淡地落在后背上，我们只是不言不语。

我们的心印在了秋日的晴空上，印在这一方天光云影共徘徊的水面上，印在彼此的心上。

毕业后，因为学业成绩分外惹眼，我们被分到了不同的科研单位，继续从事科学研究。

这正是我们的夙愿。

当我站在那栋满墙尽是爬山虎、显得分外幽静的两层小楼前，有种莫名的兴奋在血管里游窜。我在光线昏暗的走廊里寻找我的办公室，闻得到静谧本身分泌出的独特气味。

后来我换过几次办公室，条件也逐次向好，但最初工作时那间狭小且暗淡的房间，一直深刻地印在记忆里，像一帧朴素但动人的黑白明信片。

没多久，梃之和我就结婚了。

婚礼很简单，最奢侈的东西也不过是一盒巧克力。

我们住在单位分配下来的一间宿舍里，我们只简单刷了白墙，家具仅一床、一桌、两椅而已。

那时的生活像是张线条勾勒的铅笔画，简单但愉快。每天从家里出发时，我们都感觉得到身上蕴蓄了使不完的力气，勃发着想要做出成绩的壮志。

晚上如果同时在家，两个人大半会用小煤油炉简单煮点面条，切点碎菜叶放进去，炉火边的我们热切地交流着各自的工作。种种物理，些许人情，就是我们佐餐的调料。我们对饮食是这样毫不在意，有时候也会忘了在锅里下米，炒青菜里放了两次盐或者忘了放盐。

自助者天助之，靠着这股勤奋，我们的进步几乎是肉眼可见的，并且得到了肯定和激励。那时候，科研机构里充满了奋发的气氛，大家似乎都卯足劲儿想要做出些像样的成果。科学上的事情有一说一，来不得半点虚假。我们被委以重任，各自领着一摊事情在向前努力掘进。

2

等我发现腹中居然有了逢一时，她已经悄然安营扎寨五个月了。

我暗暗惊异于我的粗心。

小胎儿太乖了，我没有孕吐，没有恶心，一切跟平常一样。我竟然没有关注到身体的异样。

我还记得此前夜里做过一个梦，梦见骑在一只

雪白的虎身上，它的毛发茂盛柔软，我像是骑在一道霞光、一涧清泉上面，有洁白的风生出来。后来想想，这大概是一个启示我的胎梦。

梃之知道这个家将从我们俩升级成我们仨时，激动得语无伦次，拍着胸脯说要包揽所有的家务，尽管后来他的繁忙常常让他不能完全兑现诺言。

但他初次为人父的心情是真诚的，我也并不在意。我感觉到一些变化正在悄然发生，仿佛做任何事情都不再是为自己。此前若得闲暇，我们会一道坐公交去爬山，这个习惯一直延续到我们退休后。即使怀着逢一，得空时我们也依然会去爬山，除了偶尔蹬踹两脚，她几乎都是悄无声息的。

但她的存在，让我观照世界的眼光突然有所不同了。我本来更习惯并醉心于仰望星空，几乎没有真切地见过大地真正的形象，那时候才逐渐领悟了事物的母性无处不在。

大地就是一个敞开了胸怀向八方舒展的女人，

万物都依偎在她辽阔的怀抱里。那雄踞在上的山峰是母亲，树木、薄雾像孩子似的在她肩头和膝前玩耍。逢一就像是一道溪谷，在我身体的深处潺潺歌唱。

我是在孩子发动的当天，才从实验室直奔医院，六个小时后，逢一就出生了。

在医院的那两天，似乎是手忙脚乱的。新生婴儿的娇嫩和弱小，让梃之竟然害怕将这小小的一团失手掉在地上而迟疑着不敢抱。等他终于鼓足勇气抱起襁褓里的逢一时，就再也不肯撒手了，看向她的眼神满满裹着蜜糖。

月子里，一切格外忙乱，这个新诞生的小小星球，有她自己的星轨、禀赋和节奏，需要一点一点探究和适应。

好在梃之晚上总会在她啼哭时将她抱在怀里转悠，让我能有个相对轻松的夜晚。

出了月子，我就摸索出了这颗新星的运转规律，应付起来轻松了许多。亏了逢一奶奶撇下家中老人过来帮我看顾，我才得以回归工作岗位。那时候，哪里有休产假这回事儿呢。

逢一四个多月的时候，有一天，梃之回到家，眉头锁着，还碰翻了桌上的水杯，明显心不在焉，欲言又止。

我把他叫到里屋，让他开门见山告诉我遇到了什么问题。他终于为难地说出缘由。

他将在两周后跟随一支大队伍，奔赴遥远的青藏高原开展综合性科学考察。这是我国第一次对青藏高原开展综合性科考，单位推荐了他，他们为此已经筹备半年多了。

我绽开的笑容让他的眉头舒展了。

这件事他先前跟我聊过几次，他一直在积极争取，希望能成为科考一员。几乎每次说起他都是那么眉飞色舞，那么热切地期待着，那是他的梦想。而它即将到来，我怎么可能拖后腿呢？孩子有我，暂时也还有奶奶协助。我能应付得来。

我没有犹豫，直接就去给他打包行李了。次日下班后，就径自去了百货商店采购他肯定会用到的物品。

到了出发的那天，为了让梃之不那么愧疚和不舍，我让奶奶和逢一都待在家里，自己送他去了火车站。

“我会给你写信的。”他说。

我点点头。

车站里的人不是很多，我帮他把行李一一安置妥当，就转身下了车。

车窗里的他冲着我挥手，笑容有点勉强。

我也冲着他笑，努力让笑容不要像他的那么难看，跟他摆手再见。

他要离开至少半年。青藏高原那么多无人去过的区域，埋伏着多少凶险不得而知。在报纸上，那里总与失踪、雪崩、泥石流这些字眼纠缠不清。

你要多保重，你得全须全尾地回来见我和女儿。我心里这样反复对着梃之远去的方向叮咛。

梃之的火车缓缓发动了，很快开走了，开出了视线。

我在站台上伫立，看着这乌黑蜿蜒的铁轨，心里好像被它顶出一个曲折的空洞。

八月初梃之启程，每天我都在等着他的来信，不知道在那个风险莫测的人间秘境里，他是否平安健康。

十月底，某个微凉的清晨，终于收到他寄来的信，而且一连来了三封，分别写在八、九、十三个月份，像是被时光刻意打散又重新拼凑的拼图。

此时，北京已经退去溽暑的潮热，抵达醇厚如酒的秋天。

这三个月里，白天被工作占据，倒没有觉得怎样，回到家安顿完女儿和家务，我才感觉到心里那个空洞一直都在，呼呼地往外鼓着风。我常对着地图上那片被铅笔圈出的区域发呆，想象着他穿行在怎样的山坳里，跋涉在怎样的高山之巅，是否记得添衣，可曾受伤。还做过几个噩梦，梦到他坠落悬崖了，被雪崩没了顶……吓出一身冷汗来。看到女儿在身边静静地睡着，握住她热乎乎的小手，梦魇和惊疑才终于一寸寸消散。

直到他的信来。

终于来了。

它们安静地躺在传达室的窗台上，被阳光晒得微微发烫。我几乎是扑过去抓起它们，指尖触到纸张粗糙的纹理，像是触到了他一路走过的山水行程。

我紧紧捏着它们，像是攥着无与伦比的珍宝。我几乎是一溜小跑回到办公室，迫不及待地撕开第一封信。

终于知道他在那边考察的情况，悬了两个月的心终于放下来了。

意昕：

与你在家中告别，不知不觉已有半个多月了。不知这些日子你可安好？我的小宝贝怎么样了？厨房那个水龙头还听话吗？如果还老是跟你闹别扭，就叫隔壁阿婆帮忙收拾它，阿婆对付它比我经验还多！

现在我们宿在海拔3600米处的林带里，外面的风像是可以掀翻整座山。这是一个非常简陋的窝棚，但能稍微遮风挡雨也就够了。

昨天下了整天的大雨，我们仅有四人翻过雪山到达这里，后面还有两位队员和几个民工在一起，未知是否已翻越山口。

我们的行李几乎早就被雨水淋透了。这山林中的窝棚四处透风雨，到了晚上寒气逼人，没法入睡，大家只好围成一圈，挤在一起烤火取暖消磨时间。

林中倒木枯枝极为丰富，大家四处捡拾，倒也凑成了小小的一个柴堆。火烧得很旺，但也不能抵挡四面八方入侵的寒气。前胸像被烤焦了，后背却还透心冰凉。我们就把自己当成一张正在烙的大饼，一会儿面向火烤，一会儿背对着火烤，两边轮流，准备一直坚持到天亮。

但连日来的劳累和一整天在大雨中的蹒跚行路，人的意志脆弱得一点抵挡疲劳的能力都没有。小王和刚子早已歪倒在柴火堆边打起了响亮的呼噜。

半夜时候，只有大刘和我还在烤火。天上还有彤云，看不见星星，但我想在层云的背后一定是你最爱的浩瀚如海的星空。

四周林子里充满了丰富的声响，我听着听

着，也不知不觉就睡着了。醒来时，大刘正坐在火堆边给他的家人写信。这让我有点惶恐羞愧，我也赶紧给你写一封信，虽然寄信非常不便，不能让你随时知晓我这虽然艰苦但其乐无穷的一路行程，但我准备每日随时简单记上几笔，等日后好好整理整理，像个样子了，我再诚惶诚恐地呈献给我的女神检阅。

今天其实颇有几件值得记录的事。

从海拔3600米开始，山势越来越陡，树木越来越稀少，只零星分布着灌丛和草甸。寒意也越来越重，但仍有不少高山植物顽强地开花结果，花色非常鲜艳。眺望远处，可见山巅陡峭凶险，李白说蜀道“黄鹤之飞尚不得过，猿猱欲度愁攀援。青泥何盘盘，百步九折萦岩峦”，这里有过之而无不及。

同行的本地民工说，每年十月份至次年七月份之间，这里大雪封山；仅有七月份至九月份冰雪消融时期才能通行。只有在这短暂的几个月时间里，居住在雅鲁藏布江峡谷中的门巴族和珞巴族人，才可背着木耳、辣椒、毛皮、竹器等产品，翻越这座山口，到波密一带进行一年一度的交易，换回足够他们使用一年的茶叶、盐巴、布匹等生活必需品。

山的坡度很大，常年风吹日晒、雨雪侵淋，岩石风化十分严重，不少地段形成碎石滑动的“乱石坡”，人稍不注意就会随着碎石滑下去。一路上，我们从几乎悬空的巨石下走过，还在巨石上缓慢爬行，每前进一步都提心吊胆，神经绷得十分紧。

不知是谁在上边不小心踩动了石头，只见

好大一块石头连滚带跳，向下方砸来，幸亏下面的同志躲得快，不然就要被这石头砸成重伤。眼见那块石头一路呼啦啦滚到了山脚下。

这么惊险的攀越，让我的注意力全都放在脚下的石块上了，心里默念着一定要安全登上随拉山。留得青山在，不怕没柴烧。平安第一。

当上升到海拔 3800 ~ 3900 米时，我们的眼前出现了一片草甸。我走过去看了看，竟然发现了个体巨大的疣柄牛肝菌、丝膜菌，还有鹅膏菌。这些都是典型的森林树木外生菌根真菌，怎么会出现在这高山草甸上呢？

这实在是个谜。

我蹲下来，在这找不到一棵高大树木的地方，发现了一些匍匐在地面上、高度仅有 3 ~ 5 厘米的垫状柳。原来这儿的生态环境并非草匐，而是灌丛。显然与这些大型真菌形成菌根的就是垫状柳了。但是牛肝菌、丝膜菌和鹅膏菌与这样小的柳属植物形成菌根的奇特现象，是极为罕见的。

我想，在喜马拉雅山脉隆起和气候逐渐变化的过程中，有的树木不能适应变化而不复存在，像柳树这样的树木逐渐由高变矮，适应了高寒，而作为菌根关系的大型真菌生态习性未变，所以在这里的垫状柳中依然生长着这些真菌。

我就这样且惊且疑，跟大家继续前进。

埋头持续走了约两个多小时，四周除了裸露的岩石，就是灰褐色的冰碛砾岩，低洼处积满了雪水，有的积雪下还形成了洞穴或水道。

眼前虽然到处是严酷寒冷的景象，但偶尔

仍能看见石缝间坚韧生长出几棵报春花。所以你看，生命真是顽强，怎样都不能阻挡它们要生长的意志。

就在大家像一头头驴闷声走路的时候，你猜怎么着，突然间山风呼啸，乌云密集，世界一下子变得黑黢黢的，银箭一般的雨点不由分说哗哗哗泼将下来，时间之快，容不得我们找地方躲避（事实上也确实无处可躲），被汗水浸透的衣服接着被雨水淋透，你想想大家有多狼狈吧！

大家正诅咒这坏天气，没想到马上雨散云收，太阳又出来了。左右看看，每个人都脸色铁青，浑身哆嗦，上牙敲打下牙，咯咯作响，虽然我自己也冷得直抖，还是忍不住笑了起来。

走了不远，来到随拉山南端出口。只见远处森林如海，峡谷中河流如线，草地上的牛羊像散落在碧毯中的白色珍珠。

饥寒交迫的大家，迫切需要赶紧下山，但下山的路让每个人都倒吸了一口凉气。

这条路就在脚下的悬崖上，比羊肠小道还要逼仄险峻，几乎是直上直下！

我们将身体紧贴着岩壁，两手紧紧抠着岩缝，脚尖试探着踩稳石窝，紧闭着嘴，连话都不敢说，大气都不敢出，更不敢往下看，就这样像爬行动物一样慢慢地移动着。

也不知道花了多长时间，感觉像天荒地老一样漫长，大家终于从天梯上爬了下来，一下子都倒在山坡上。

谁能不害怕呢？像经历了一场生死劫难。

我那会儿脑子里都是你和女儿，嘱咐自己一定要活着回去见到你们。

爬下天梯后，我们又过了一座冰桥。经过天梯的历练，光滑容易摔倒的冰桥就不是事儿了。

冰桥下急流奔腾，滚石撞击，响声轰鸣，出水口喷吐着白色的水雾，看上去非常神秘。大家行走得非常小心，唯恐摔跤。

我们快要走完这冰桥时，忽然背后传来笑声。回头一看，原来是三位珞巴族打扮的姑娘，看我们在冰桥上摇摇晃晃、前俯后仰的滑稽模样，忍不住放声大笑。

我们眼睁睁地看着她们光着脚板，在滑溜溜的冰桥上健步如飞！

天气寒冷，我的手瑟瑟缩缩的，居然也写

了这么些字。刚抬起头，就发现天亮了。

这封信也不知道什么时候能寄到你手里。就写到这里吧。

每一天都是这样跌宕起伏，虽然有很多艰险,但也有意想不到的老天馈赠的乐趣。何况，战胜艰险本身就收获了许多乐趣啊。

你不要为我担心。一想到忙完这一切，就可以回家见到你美丽的笑，我就感到非常快乐。

我格外想念我的小一一，真想把她抱在怀里狠狠地亲几口。想到她的眼睛，我几乎要流下眼泪。

在我眼里，全宇宙的星星加起来，也没有你们两个的笑容明亮动人。照顾她一定特别辛苦，我对不住你。

等我回去补偿你。

梃之

8 月 21 日

意昕：

不知上封信收到没有？只有路过兵站，才有可能将信寄出去。这边路况差，但愿已经顺利收到。

现在是夜里九点多，刚从珞巴族老乡的家里回来，盛情难却，喝了些酒。本想歪头就睡，但一想起要给你和闺女写信，忽然间就来了精神。

这些日子也颇有一些值得记录和讲述的经历，当时经历时觉得悚然可怖，甚至不无后怕，但此时身处宁静安全的房子里，虽然还有牲口浓重的浊臭气味四处飘扬，但心里已经颇觉祥和太平。

你不要替我担心，就当成趣事儿或笑料听一听就好。

前几天，一大早我就起来去采标本。雨已经住了，天还有点阴沉，四周特别宁静，听得见空气中有簌簌声，是风声吧。真是名副其实的远离尘嚣。

不出我的意料，这里的菌物实在是太繁盛了，它们给我的喜悦，冲淡了我身体的湿冷不适。

等我回来时，大家已经陆续起床，各自收

拾行装。

我们继续前进，去到海拔4000米处的林地扎营。

晚上十点钟左右，我们到达一个狭长的峡谷，两侧是高山，里面生长着一大片树林，一片漆黑。

所幸我们找到了一间木屋。

但大家散开四处寻找，却找不到多少干柴。火苗终于燃起来了，看着它热烈地舔着铁锅底，我也没来由地生出一点欣喜的情绪。

虽然把民工背来的一点点大米做成了夹生饭，但大家还是饥不择食地吃光了。

吃完饭已经是午夜12点了，明天还得赶早出发，大家陆续去睡觉了。

但我还不能。

沿途考察采集的菌类标本还没有全部烤干，眼看着大部分已被压碎或腐烂，我心焦如焚。好在有几号我认为最珍稀的标本一息尚存，端赖于我的一路重点保护。如果能有更好的考察设备就好了，许多历尽艰辛到手的标本就能及时保存了。

我在篝火边耐心地烘烤着标本，沉浸在跟标本独处的世界里，我好像听得见它们的独语——告诉我它们的来处，它们见到的风景。

标本太多了，但我怎么都不舍得丢掉任何一个。

个头很大的绣球菌要反复烘烤三次，才算烤干。

夜已深沉，林地里阒然无声。

我还在烘烤着绣球菌，忽然听到一种奇怪

的声响，而且越来越靠近，像是某种动物发出来的。

直觉告诉我这是一种危险的动物。帐篷离我至少有 20 米，中间还隔着灌木丛，跑过去躲起来显然是来不及了。

我陡然感到害怕起来，一股冰冷的激流从脚底直蹿到脑门，不由打了个哆嗦。

那一瞬间，我想起了你和女儿——我陪伴你们的时间太短了。无论如何我都要拼力保全自己，回去与你们相见。心脏在剧烈抽搐，仿佛在被什么猛力撕扯。

再一转念，忽然想起动物都怕火，就赶紧一把抓过旁边的柴禾丢进火堆里，火烧得更旺了，向外扑着火爪，我又忙从柴堆里找到最粗的那根，紧紧握在手里，准备迎接可能的

"战斗"。

慢慢地，那奇怪的声响远去了，消失了。

一场虚惊过去了。

我才觉得额头上是薄薄一层汗。

而我的标本，终于都烤干了。

昨天是个好天气，空气是透明的，一眼望得见耸峙的远山。沟谷两边山脉碧青，半腰白云成练，让人起了许多澄澈的念想。

我们一直沿着河谷而下，穿行在如翠玉嶂一样的原始森林里。溪水潺潺，忽而猛浪若奔，多处横着倒木形成的独木桥。

这些倒腐木上，我看到了不少大型真菌。更让我感到惊喜的是，那些多孔菌水分含量低、质地比较硬，携带起来很方便，而且即使一时未能烤干也不会很快就腐烂掉。

我第一次看到有一种金钱菌生长在灰绿色的地衣中间，还有神秘的蘑菇圈，像是一群围着圈儿跳舞的精灵。圆孢地花、巨大的多孔菌、灰树花成群成丛地生长，俯拾皆是，目不暇接。还有鹿角菌、轮层炭壳菌、盘菌、马鞍菌等等，随处可见。

这里当之无愧是菌物的盛大花园。

越向下走，温度越高，草丛越发繁茂。但我们都没预料到前面即将面临的险境：令人闻风丧胆的蚂蟥区。

我们没有任何防备措施，就这么一路蹚过去，直到看见旱蚂蟥重重爬满身上，咬得到处血迹斑斑，才明白过来。

我们没法对付这些“吸血鬼”，只好走为上策，仓皇逃出了蚂蟥区，走出许久蚂蟥咬伤处鲜血仍在汩汩地流着。

好在我们到了这处驻防兵站，条件好多了，能吃上兵站自己种的蔬菜，能在床上撂倒这具累到不行的身体，能有小桌子让我趴着给你写这封信了。

松涛阵阵，从雪山吹来的风都是晶莹和凛冽的，裹了条被子在身上，虽然身外仍是寒气，但心里热烈得很，因为它在想念你和一一。

挺之

9月3日

我在回信里逗他说，他这哪里是给我写的信，分明是给青藏高原和它的真菌资源写的情书。

挺之笔下满是感情，即使高原和大峡谷用各种变幻莫测来试探他，戏耍他，他还是那么虔诚，无怨无悔，以发现它们蕴藏着的菌物宝藏为无上荣耀。

他对那些地理上和科学上的无人之地充满了探索的热忱，让我感动不已。

圣洁的高原，果然没有辜负他的热爱，向他敞开了它蕴藏的无穷奥秘。这回采集的标本足可以拓宽和刷新他们学界不少的既有认知吧？想到这里面也有梃之的奉献和努力，就倍感自豪。

3

这时候，我们的逢一也在悄无声息中成长着。

她喜欢甜蜜的味道，苹果片、香瓜片、香蕉泥，

都是百吃不厌的食物。不爱喝白开水,喜欢吃大米粥,但也吃得不多。

她特别爱笑,很容易被逗笑,也愿意逗别人笑,每天总要笑很多回。吃饱了笑;听见家人的声音就扭头追着看,看到了就咧开嘴,奉上一朵饱满的笑;睡醒了有点迷瞪,当我出现在她的视野里,她立即就笑起来,还用手遮住脸,好像不好意思——但如果不抱她起来,她就要咧嘴哭了,哭的时候,有两小朵晶莹的泪珠珠闪现在睫毛上;她仿佛听得懂大人的赞美,总能恰逢其时地笑。

天好的时候,我会抱着她出去散步,指着花草树木、天空云彩、麻雀猫狗给她看,讲些小故事,但也有很多时候什么话都不说,就这么默默地走。

她斜倚在我肩膀上,眼神清澈可鉴,看到的一切都映在眼里,进入心里,特别专注。

有一些瞬间,我会恍惚觉得她是个大孩子,而且是特别聪慧的大孩子。她好像猜得透我在想什么,我们母女四目相对，她会微微一笑，仿佛在说："妈妈，我知道你在想啥，我也觉得很好笑。"我回应她的笑，她笑得就更开心了，像最亮的星辰，又饱满又晶莹。

我常常想，宇宙这么浩瀚，世界这么庞大，我什么也握不住，只有眼前的梃之和一一是最有把握的实在，因为他们，我发现自己变得愈发豁达和通透。

这中间，老家那边来信，说梃之的外公状况不好，奶奶不得不赶紧回去照看。恰好同事有个阿姨空出来，我就忙不迭地将她请回家里照顾逢一。因为，我也时不常要去出个差了。

最远我去了新疆。那广袤的新疆给我的冲击，就像雄伟的高原给梃之的震撼是一样的。

我在那里，看到了真正的星河。长河垂如练，一挂到底，上面繁星璀璨，简直光芒万丈！那么庞大的一个诱惑，宇宙这么慷慨地给了我。

我有些哽咽了。

天地有大美而不言，这是无上之大美。我对星空的赤诚，一如梃之对他的真菌。

而我们何其有幸，能够做我们想要做的事情。

梃之离开了七个半月。

走的时候是夏天，回来的时候隆冬将尽了。

我下班时，外面漫天刮着雪，飞絮一般。走到单位门口，见到一个人站在那里，戴着老头常戴的黑色绒线帽，帽子和衣服都被雪盖了薄薄一层。

我正要继续走，这人抓住了我的胳膊，我努力想要挣脱，这面色黧黑、形容枯槁的人，怎么流窜到这里胡闹？

我竟没有认出那就是梃之。

高原给了他紫檀一样的肤色，那里的风和雪磨砺得他的脸型和五官都变形了。

梃之当时笑得那么得意，得意于竟然改头换面到我都认不出来！

我们去副食品店，我把身上所有的钱都掏出来，买了三斤五花肉、三斤排骨，还买了一盒巧克力、一小块蛋糕。他爱吃甜的。

一岁的逢一已经会走路了，看见一个陌生的男人伸手要抱她，吓得嗷嗷大哭，直往我怀里躲，坚决不许爸爸靠近。

晚上她睡熟了，梃之将她抱在自己怀里，看不够似的，说鼻子像爸爸，嘴巴像妈妈，脸型像妈妈，说自己在高原上遇到困难的时候，总是会想起我们。

梃之生生抱到女儿再次醒来，如果不是逢一再次啼哭，他还是不舍得撒手。

拂晓时分，他沉沉睡去了，我看着他在酣睡中的脸，线条好像硬朗了许多，这是峻美卓绝的雪山给予的馈赠吧。

4

有了青藏高原矗立在前，其他地区的野外考察似乎就不值一提了。

梃之的足迹几乎遍布大江南北，每年都要出去好几次，长短不一，最长的一两个月，短的也得十几天。

我们逐渐对此习以为常。

日子一天天这么过下来，每一天似乎都是类似的，人始终是忙碌的，但又各有些许不同，像是某天黄昏时西天锦绣样的云霞，又或是一只青绿大蜻蜓停落在门口草叶上，若都落实到纸上，即使穷尽世间所有的笔墨也不能一一记录下来。

我们就这样用金针密密缝起时光，针尖游走，终成一匹铮铮有声的锦缎。

所可庆幸的是，每一天的努力都是一点肥料，给我们各自的工作递送着营养，让它长得更高大更壮实。

一并长高长壮的，还有我们的小逢一。

如果时间有标记，逢一就是印在我们生命之树上的刻度吧，她的变化，让每一年都显得特别清晰。

她长牙了，会跑了，会说话了，会唱歌了，眼睛不大却很亮，睫毛很长，摇摇摆摆的模样，像只湖里戏耍的小天鹅。

她是怎样地喜欢说话啊，就好像语言是生长在舌头上的樱桃树，她总要贪婪地去品尝那樱桃的鲜味和美好。她发现这些语言和音节是那么好玩、那么有意思，她时时刻刻都想拉住它们飞舞的裙摆，踉踉跄跄跟上前。

逢一一岁半时，梃之去荷兰做访问学者，要在那里待一年半；我努力坚持半年后，随着手里科研和管理业务日益增多，越来越自顾不暇，终于不能兼顾，不得不将女儿送回老家爷爷奶奶手里，请他们费心照看了大半年。中间我回去了两次，每次离开时，孩子都追出去好远，抱着我号啕大哭。

如果说我这一生有什么特别愧悔的事，那就是将两岁的女儿从身边送走，这会儿我写到这里，心尖仍然像被刀剜了一下。

第三次我再去看她时，她穿着沾了土的小裙子，蹲在泥塘边柳树下的地上，用树枝画线条，抬头看见我，像是不怎么认识我。

她空空的眼神给了我重重一击。

我当即就收拾了她的东西，第二天就带她一起回我们自己的家了。

她一路上紧紧抱着我，唯恐我将她再次丢下。我也紧紧抱着她单薄的小身体，坚定地告诉她，爸爸妈妈会一直守着她，永远不会再分开了。

回到家后，我请了两天假，带她去剪了头发，去动物园看熊猫，给她买棒棒糖，她眼神慢慢活泛起来，不再是一潭死水一样的了。我心里多大一块石头落了地！

我庆幸将她接了回来，重建了我们和她之间的亲密连接。

从那以后，无论手头有多么掣肘，时间有多么腾挪不开，我再也没有跟孩子分开，直到她成为一个能干的挺拔的女孩，自己离开我们去读大学。

回到我身边后，慢慢地，逢一又开始唱歌了，自己学会了认字，进单位的托儿所了，能自己读连环画了，会写数字了，会下象棋了，一年级了，入少先队了，画得一手好画，三年级了，当班干部了，跳级到五年级了，成绩遥遥领先……就像一棵碧绿的树，越发结实。

我们早出晚归，她不是总能见到我们。

早上给她留了早饭，她自己吃完，收拾好书包，锁上家门，走上十五分钟左右去学校。

中午再走回家，自己开门，热好午饭，吃完再去上学。

傍晚放学了，照旧自己回家，写作业，看书，等爸爸或者我回来做晚饭，后来我就雇了个阿姨专给她做晚饭。

我回家没有固定的点儿，但每次回到家，都看到她小小的身影扑在厚厚的书上，对我的到来浑然不觉。

那些书大多是梃之和我的收藏，基本上是科学类的著作。我不免怀疑，她怎么可能读得懂？然而她似乎沉浸其中。

逢一对虚构的幻想性的文学作品不感兴趣，这让梃之感到些许遗憾。但自幼就不是个多愁善感的小女生，也能免去许多细枝末节的烦恼吧。

也有不少时候，待我到家时，她已经睡着了。

玉米秆一样的细长身体缩在被窝里，小小的白白的脸藏在浓黑的头发里，被睡眠洗得这么清澈。

5

上了小学高年级，逢一的寒暑假基本都是自己在家里看书或在图书馆里看书度过的。

图书馆要坐半小时公交车，她将面包、白煮蛋和水装在一个布兜子里提在手上，将笔和记录本装进书包里背着，站在公交车站那里静静地等车来。

如果在图书馆的当日没有看完，次日即使是狂风骤雨，她也还是要再去图书馆。

那会儿的逢一，就已经是个很有主意和想法的孩子了。

有几个假期，梃之和我出差，曾带着她到过青海、甘肃、新疆、陕西、四川等多个地方，去“仰观宇宙之大，俯察品类之盛”，去野外台站访旧问学。

有一次，她跟随梃之在神农架采集标本，竟是一个得力的助手，绘图、拍照、标注、记录、整理和烤干样品，样样拿得起；途中被马蜂蜇过，被山石绊倒磕伤过，但她从不抱怨。

梃之跟我说这孩子未来是个坐冷板凳做科学家的料。“你没看到她那专注的样儿！”他这么得意。

逢一上了初中，学习都靠自己，我们又正值壮年，浑身使不完的力气，于是各自奔忙在自己的事业上。

梃之会写信给他的女儿，虽然都是在讲述自己的科考行程，其实处处都在述说他对孩子的挂念。

逢一：

听妈妈说你小小年纪已经跳级读初二，真让爸爸自愧弗如。小学时跳了两级勉强不算意外，初中课业繁难，你居然也能跳一级，真为你骄傲！

不知你琢磨出了什么神奇的学习方法，回

头教教我可好?

你纯粹依靠自己的努力，收获了这样好的结果，相信你后面会有更大的进步。

如果遇到什么问题，无论哪个方面，都要记得写信跟爸爸说说，也许爸爸能提供一点过去的经验，咱们也能商量商量办法。

爸爸这次秦岭科考，采集路线是甘肃徽县、舟曲、迭部，四川的松潘、若尔盖草原和甘肃的文县、武都。

大家研究方向不同，采集的标本种类自然也不同，标本不都是样好看、名好听、味好闻的，还有不同地层和环境的土壤样品、腐败的花草和果实、枯枝烂叶、昆虫尸体，甚至还有专门采集粪生真菌和动物粪便的。

九月的秦岭白天满目翠绿，沁人心脾，入

夜气温骤降，此时外面正有股冷飕飕的风四处游窜，也钻进我们临时栖身的这间小木屋里。

这个木屋在半山上，是当地防火部门应巡山员需要搭建的，很简陋，勉强能住人。

虽然夜深了，但仍有同事在整理标本，也有人已经鼾声如雷了。

爸爸整理完了手里的标本，听着风声和鼾声，跟你聊聊天。

说起科考途中的住宿，倒是挺值得聊几句。

一路走来，新疆那个完全不隔音的木板房、西藏狭小到两张床之间只有一双鞋宽度的招待所、长白山那间巨大无比的学生宿舍、内蒙一间会议室里30多厘米宽且没有靠背的长条板凳、秦岭留坝那个跳蚤猖狂的板楼、西沙群岛海里摇曳了一夜没怎么入眠的轮船……身下寝具千奇百怪，耳畔声音也是大有妙趣，有时和着风声、雨声、雪落声，还有磨牙声、呼噜声、梦话声，此中滋味，难以细说。

还有几次，我们住在了荒村野庙里，搭帐篷过夜，荒草埋没幽径，月亮格外大且圆，脑子里想的竟然是《聊斋志异》里的书生、狐狸和神仙的故事。

野外工作总会遇到许多意想不到的困难甚至危险，但它的快乐和收获更为巨大，也更为我们珍视。

大家常年在野外科考，对此都已习以为常，吃穿住行都入乡随俗，只要不饿死冻死，能完成科考任务，怎么都行。

前两天，我们在一个朝阳的缓坡上看见一

片苹果树，满眼的红彤彤，摇摇欲坠，许久没尝过水果味道的我们，真想摘下几个解解馋。

四处宽广敞亮，没有一个人，但大家非常自律，没有人伸手。

走近果树林子一瞧，地上掉了数不清的苹果，虽然不如树上的个大鲜亮，表皮有些斑纹，但也没什么明显的损毁。

大家各自捡了些，用手或者衣襟擦一擦就吃起来。没想到味道相当不错，皮很薄，水分充足，酸酸甜甜，极其可口。

大家纷纷弯腰捡了不少，装进包里和兜里，名副其实的“吃不了兜着走”。

但就在这时，山坡背面突然冒出一个背着麻袋去摘苹果的中年男人，跟我们撞个正着，我们个个尴尬至极，好像做了天底下最见不得人的丑事，手足无措，面面相觑，怯怯地跟他解释，我们没有从树上摘，苹果是在地上捡的。

那位农民老弟哈哈大笑起来，中气十足地说：“这种苹果哇，我们是拿来喂猪的！”

我们后来每每提及这事都要大笑不已。

说起吃，爸爸手里这支钢笔好像都要摩拳擦掌起来，这些年，吃的故事也可以堆满一箩筐了。

跟你在家里每日固定的三餐不同，在野外，吃常常得不到保障，地点不能预知，时间不能保证，吃什么也不能选择。

你还记得神农架吗？在你做小助手帮爸爸做标本那次之后，爸爸又去神农架的山里工作了三个多月，随队有一辆大卡车和一辆吉普车，除了工作设备，还有帐篷、炊具等生活必需品。大家轮流帮厨做饭，食物全靠那辆吉普车运送。进入雨季后，大雨倏然而至，道路被阻断，供应进不来，我们只剩下米面。

大家就把目光转向了漫山遍野的野韭菜和野山葱。

结束一天工作后，大家就分散在紫色的花丛中，接连一周，我们的菜肴不是素炒野韭菜，就是凉拌野山葱，我一度怀疑我的脸都吃绿了。

还有一次在新疆——那里的拌面真好吃！爸爸一定要带你来尝尝——那里幅员辽阔，但人烟稀少，采集途中经常一天见不到一户人家。途中遇到了养蜂人，大家争相购买蜂蜜，但瓶子里灌进的不只是金黄黏稠的蜂蜜，也有一些追逐蜂蜜而“误入歧途”的蜜蜂。看着瓶中挣扎游动的蜜蜂，大家都为难极了。

1992年，我应邀去鹦哥岭考察。鹦哥岭在海南岛中部，最高峰海拔1812米，那里有遮天蔽日的原始森林，山民们的生活也还都停留在原始阶段。种植粮食用的是最原始的刀耕火种，男女清一色的黑粗布衣，妇女脸上满是刺青，用奇异的眼神盯着我们看。

一个傍晚，我在森林里忙到忘我，渐行渐远，只觉得腹内饥饿难当，就爬上一棵大树，摘下树上拳头大小的果实，想象中一定很甜蜜，就大大咬了一口，一边咀嚼一边定睛再看时，就看到果肉里爬着许多蚂蚁，赶紧把嘴里的都吐了出来。

行走在崇山峻岭里，我们常常这样自嘲：远看像逃荒要饭的，近看像拾荒捡破烂的，仔细一看是科学院的。但大家并不以为意，心里满是为国家、为科学做点实事的热忱。

这次科考任务，有个叫熊安的摄影记者随队跟拍了几天，拍了很多照片，爸爸随信寄一张给你。他还随身带了本诗集，爸爸随手翻翻的时候，对其中一首印象特别深刻，就把它抄了下来。

爸爸在这封信里也抄两段给你看看，也许你看完会若有所思，能感受到一点爸爸踏遍祖国河山，到处寻访真菌踪迹的缘由：

走不尽的山峦的起伏，河流和草原，
数不尽的密密的村庄，鸡鸣和狗吠，
接连在原是荒凉的亚洲的土地上，
在野草的茫茫中呼啸着干燥的风，
在低压的暗云下唱着单调的东流的水，

在忧郁的森林里有无数埋藏的年代。
它们静静地和我拥抱：
……
我有太多的话语，太悠久的感情，
我要以荒凉的沙漠，坎坷的小路，骡子车，
我要以槽子船，漫山的野花，阴雨的天气，
我要以一切拥抱你，你，
我到处看见的人民啊，
在耻辱里生活的人民，佝偻的人民，
我要以带血的手和你们一一拥抱，
因为一个民族已经起来。

好好照顾你的妈妈，她为你付出了太多。
没注意这会儿居然已经凌晨两点了。
大家都已上床休息。爸爸也去睡了，明天

还有一天的工作。

祝你身体健康，学业有成！

爱你的爸爸

9月10日

爸爸：

您的信写得真好，读起来仿佛身临其境。

期待爸爸给我写更多的信，总是在学校和家两点一线重复，在这些不那么有趣的日子里，爸爸的信能带着我去走南闯北、浪迹天涯。

您送给我的那首诗我特意去图书馆查了查，查到这是诗人穆旦的《赞美》。我对诗歌不是很有悟性，只觉得这首诗里的中国好沉重，是那个年代遭受的苦难太多了吧。

但即使苦难使得中国落后这么多，他依然热爱中国，爸爸也是这样，对吧？

妈妈让我跟您问好。她这个月去新疆和云南天文台站，在两处待了半个多月，说下个月还要去呢！她说忙得没什么时间给您写信，让我代劳；她说的是事实，她都没时间给我写信，偶尔写过几封，都是只言片语，就问我功课怎么样，有没有什么想吃的想玩的，回来带我一起去买去玩。

她比爸爸您还忙哪！但我不怪她。你们照顾好自己就行啦。

我就一个小烦恼。虽然奶奶特意赶过来陪我，但晚上睡觉时我还是有点怕黑。我老觉得黑暗的角落里有什么东西蹲着，等我睡着了就会出来，毛茸茸的，慢慢膨大，像烟雾一样扩散，然后大爪子抓住我跳到窗外去。有时候我实在太怕，就故意开着灯，看书，好把黑夜熬累了，熬睡着了，我就能睡个安稳觉啦。

妈妈回来后，虽然也常加班，但每晚我都去找她睡，搂着妈妈，闻着妈妈头发的香气，很快就能睡着了。不过半夜里醒来，经常会发现妈妈已经悄悄从我身边离开，趴在客厅的饭桌上写东西。她总是有忙不完的事情。妈妈说，等我放暑假，带我去新疆看星星。她说那边天上的星汇成了大江大海，浩瀚得无法想象。我非常期待，就跟期待您的来信一样。

爸爸您知道吗，学校所有的课程里，我最喜欢生物课。生物老师人很年轻，但上课的时候很有激情，您大概不能想象他讲细胞也能讲得眉飞色舞的模样。昨天生物课后，我找老师问问题，他很欣赏我的问题，认为我提得很有水平，还帮我找了几本书和杂志，让我回去好好研读，然后再去找他探讨。我准备每天做完功课就认真读读。

爸爸，不知为什么，跟生物学的深入接触，让我感觉跟您更贴近了。我有时候会跑到您乱糟糟的书房里，坐在您的椅子上，翻看您的书，看到一些书上印着爸爸的名字，巨大的自豪感油然而生。我也想长大了写这样的书。您觉得我做不做得到？

爸爸妈妈都是科学家，老师也鼓励我们当科学家，我现在还不确定要不要当呢，但我觉得爸爸妈妈乐意奉献一切的事业，一定也是值得所有人追求的。我先好好学习基础知识吧，等爸爸回来，给您看我的课堂笔记，那可是被各科老师都大大夸奖过的！

我还有很多作业要写，就此搁笔吧！

爸爸要注意身体，再给我多多地讲讲您的故事哟！

一一

9 月 28 日

逢一：

爸爸收到你的信了，真心为你的成长感到高兴，不愧是爸爸和妈妈的好女儿。

妈妈特别忙我也是知道的，所以拜托一一照顾好妈妈，等爸爸回去，好好地谢谢你。爸爸一定会陪着你，直到你睡着。不用怕，有爸爸在。

外出采集样品的一路，是历经艰辛之后随处捡拾收获和乐趣的一路，随时随处都有想象不到的欢喜跳出来，让这一路丝毫不寂寞，更不平淡。

既然你这么感兴趣，又想“走南闯北浪迹天涯”，那爸爸就跟你聊聊我们一路使用的各种交通工具吧。

它们沉默不言，却承载和见证了我们采样途中的各种喜怒哀乐，很值得被记下来。

这些年，我们几乎踏遍祖国各种地形地貌，乘坐了各种五花八门的交通工具，你想得到想不到的，见过没见过的，无奇不有。山区、岛屿、河流……这些必须用自己的脚一步步丈量，但河山是多么广大，不出去不能知晓它蕴藏着多么丰富的可能性。

海南。我们搭乘林业局拉木头的大卡车前往黎母山。我们站在露天大卡车满载着的木头缝隙里，头顶有骄阳曝晒，似乎闻得到头发烧焦的煳味，心里却又随时准备着迎接那不期然而至的大雨。现在想来颇觉后怕，如果车上原木滚动，会不会把大家都挤成肉饼？不敢想象。但对当时的我们来说，能省下脚力乘坐免费的大卡车，没有人不心花怒放。

甘肃南部。我们租用了一辆面包车。一上车，我们无不吃了一惊：车座都是歪斜摇晃的，车门严重变形，只能用一个大插销控制门的开关；发动机盖上有个西瓜大的破洞，坐在车里可以直接看到路面在迅速后退。车子每一次发动，尾气都会沿着破洞直接倒灌进车厢里，扑得大家一头一脸。司机无比自豪地告诉我们，他的这辆宝贝车不但给人乘坐，也给猪娃子、鸡娃子甚至牛娃子坐。我看着他黑黝黝的脸上笑嘻嘻的模样，很喜欢这个小伙子。就是这辆车，载着我们穿越了若尔盖大草原。返回天水的半路，车体开始摇晃，而且越来越严重，我们不得不把车停在一个汽车修理处。修理工大惊，告诉我们："走不了多远，连接后车轮车轴上的裂缝就会完全断开！"我们悚然一惊。

大巴山。那里实在是太穷了，可供选择的车辆不多。我们不得不借用了一辆囚车。它比一般汽车矮，我们每个人的头都多次撞到车的门框，有一次撞得我两眼冒星星，它的反弹力还将一位同事弹回坐倒在地上。

黑龙江。我们在逊克县租用了一种带篷子的三轮摩托，每两人一辆。每天早晨大家各自分坐整齐，几辆摩托车组队冒着黑烟，突突轰鸣，鱼贯而出，英姿飒爽，煞是威风。一天采集结束返回的路上，我眼睁睁看着前头两位同事乘坐的那辆摩托车突然掉了一个车轱辘，耳边响起了金属车厢与沙砾路面摩擦发出的刺耳声响，所有人都吓得目瞪口呆。好在当时路上车不多，好在三轮摩托速度不快，那两位同事没怎么受伤，但从地上爬起来时，犹自惊魂未定。

考察途中，常会有些意外，比如迷路。

我记得当年在南迦巴瓦峰一带考察时，要从海拔 3700 米处的林地出发，到 4000 米以上的高山灌丛及高山草甸带去。我是最后一个离开营地的，越向高处的林带走，越没有像样的路，那些小路是野兽或牛马多年来觅食和行走踩出来的，忽上忽下，分岔很多，常被草丛遮蔽，很容易迷失主路。走在前边的人作为探路先锋，纯凭感觉探索，在山大林密、呼应不上时就在岔路处标记方向。我只顾埋头采集标本，没有注意到岔路的树枝上挂着的水壶，结果沿着动物的足迹一直走到了山头，才惊觉走错了路，全身力气快耗尽时，忽然又来了一大堆乌云，接着就是狂风骤雨一顿劈头盖脸，给我来了个透心凉。四顾无人，白雨茫茫，我只好咬着牙、憋着劲儿、提着气儿往回走，终于在雨散云收的时候，看到了那个水壶，好不容易到达了宿营地。

数日后，沿着伸入墨脱的山道前进，这里植被垂直变化明显，雨后山路苔滑难行，云雾弥漫，我们再一次迷路了。下行到3000米时，已是黄昏，林木遍野，水声潺潺，小路已漫成水道。前面出现了明显的岔道。大家尚在徘徊不定，路两旁的旱蚂蟥却已开始蠢蠢欲动了。我们不敢停留，稍作思考后选了一条路快速前行，但还是没有旱蚂蟥的速度快。它们火速爬上了我们的两腿。逢一，你不能体会，当两个小时后，看到边防站影影绰绰的一两点灯火，大家有多感动，用劫后重生来形容毫不为过。就着灯光，我发现衣服的胸口血迹斑斑，忙扯开衣服，拍下来一只滚圆的黑肉球。不知蚂蟥何时钻进了我的领口。脚后跟也因为袜子磨破了一个洞，被一只蚂蟥乘虚而入。

在你看来，会不会觉得有些太艰苦了呢？

但那时候，大家都被一种做科研事业的巨大激情驱使着，没有人会抱怨，我们的工作就是这样一寸一寸地推进的，虽只有点滴的进步，但日积月累，众志成城，怎样辛苦都是值得的。

爸爸

10 月 25 日

6

时间像流水一样，从指缝里哗哗流走。

逢一在势不可当地长大，我们也在各种历练和担当中成为老将。

多好啊，时间虽然没有饶过我们每个人，但我们仨谁也没有轻易放过它，我们一直将它抓得这么紧。

逢一十五岁就上了大学，她是自己成就了自己，她把自己安排得那么妥帖，几乎没让我们操过心。

她是那么运转有序且光芒耀眼的星球，我感到敬佩。

那个秋阳很好的九月，梃之和我放下了各自的工作，抽出半天陪着逢一去大学报到。

这是一所有着优秀传统和古典气质的校园。

逢一将行囊放到宿舍，告诉我她晚上回去会自己收拾和整理，然后就一路问人，径自带着我们去了学校的图书馆。果然心心念念的，总是图书馆。

这个图书馆飞檐斗拱，四面端方，透着股雍容和大气。逢一围着图书馆转了两圈，我们就坐在图书馆后方的凉亭里闲闲地说了些话。说了些什么已经不记得了，只记得我们的逢一踌躇满志的样子。

高中时，逢一对天文学、地理学和生物学都很有兴趣，大学专业最终选了生物学，要读植物病理学。她的成绩非常优秀，深受导师器重，并且跟导师联合发表了好几篇重量级的论文。她本可以继续这么往下走。但2003年SARS暴发，她的想法变了。

她被封锁在学校里，我被迫待在家里，梃之那阵儿在大兴安岭，一时回不来。逢一跟我在电话里聊的内容，渐渐有了沉重感。

这个二十来岁的小姑娘，思想里有了家国天下。

她说每天看到病死的人，夜里听到救护车的呼啸，心里特别不是滋味。

她说想要从头开始，转到医学病毒和传染病研究上。

她给爸爸写了一封信，郑重地讨论了这个问题。

爸爸：

您在大兴安岭的科考进行得怎样了？妈妈说您肠胃不好，在外面可要注意好好吃饭啊！等您回来的时候，我希望您白白胖胖，像唐僧一样！

我们这阵子被封锁在学校里，全员隔离。

春天的时候，一种叫作SARS的冠状病毒不知从哪里冒出来了。

刚开始大家还不觉得异样，以为就是普通的、区域性的，没想到它威力这么大，传播这么快！

每天晚上，我都能听到窗外环路上尖锐的鸣笛，救护车呼啸而过。那是一个又一个得病的人，在被送往郊区临时征用的医院。

听说很少有人能从那里出来。

这样的暗夜里，我和我的舍友们都蜷缩在各自的床上，仿佛这张床是一个透明牢靠的保护罩，能给大家一点安全感似的。

这段时间，大家睡前不再像以前那样谈笑风生，每个人都深刻地觉察到一种来自冥冥中的重压，一种无形的拷问。

听到每日增加的病死人数，任谁都会在心里凿出个大洞。

我们每天去食堂打饭，每天测量和上报体温，每天在卧室里看书学习，每晚去被灯光照得雪亮的大操场跑步，一切仿佛如常。

但不允许串宿舍，不允许扎堆聚集，不允许出校门。要戴口罩。要勤洗手。要保持距离。

我们成了病毒的囚徒。

电视上，我看到了那些因为医治无效含恨

离世的人。男人，女人。老人，少年。父亲，母亲，孩子。忙乱失措的医院，面色凝重的医生，严密厚重惨白的防护服。

一切都让我心惊肉跳。

所以，我开始非常慎重地考虑未来到底要做什么。

想了很长时间。借了很多书，问了很多人。

妈妈会抽空给我打电话，我们交流彼此的情况。她说正好趁不用公出，可以集中精力写一篇论文。而我，就跟她商量了我的未来大计。

她说，只要我想定了，就支持我。

爸爸，我现在想定了。

我要从植物病理学转向病原免疫学。

再来两年，我就要博士毕业了，在植物病理学里埋头钻研了这么些年，也发了几篇还凑合的文章，但这不是做科学研究的全部。

我还年轻，未来的科研之路还很长。在偌大一个世界很随意就被一个小小病毒掀翻的时刻，我不能无动于衷。

那些患者的惨痛遭际和他们背后破碎的家庭，让我寝食难安。

我希望去做一些能够直接缓解这些病痛的事情。

我正着手联系导师。我准备从植物转向人体，从植物病毒转向医学病毒。

爸爸，您支持我吗？

我知道您肯定会同意并且鼓励我，您从来都是这样；而我真的很高兴，好像自己主动推开了通往未来的一道门，门后是什么样的风景都不重要，重要的是我终于迈出了第一步。

现在是夜里九点钟，我坐在图书馆的自习室里，给您写这封信。

人很多，每个人都在埋头苦学，周围静悄悄的，只有手指翻书的声音、钢笔划过纸面的声音。

大家都很努力。

我也要努力。

为我的理想。

——

4月5日

我们当然义无反顾地支持她。

那些年，我们被各自的追求牵引着，走上了时间的快车道。

只是一眨眼的工夫，逢一就读完了她的大学，继而攻读硕士、博士。奔赴美国做了三年博士后。她在一个国际有名的实验室待了一年，旋又回到国内协助导师带领团队。

因为扎实的学术功底和肯下苦功夫的劲头，她得到了高度重视和用心栽培，不久就独立领衔了一个研究组。

她的科研事业开始大踏步快速前进。

她对自己想要做什么很清楚，想定了就会全力以赴，在她身上，深刻地印证着天道酬勤的道理。

她高中时候就给自己立下座右铭：少年易老学难成，一寸光阴不可轻。她榨取时间的能力比我们俩还要强，并且也取得了成就。

7

逢一在国外实验室工作期间，难得申请到一次返家假期。假期中的一天,她带来了一个年轻的男人,说是顺路来家吃个饭。这个单纯的姑娘,心思什么时候瞒得过我们?我们俩却只是不动声色。

梃之陪着他俩闲谈,我去张罗了一桌饭。

这个叫程朗的男孩是个医生,眼神干净,心思纯良,大大方方,梃之一眼就看上了,称赞女儿眼光好。

后来他俩结了婚,要去西藏徒步半个月,回来两个人都黑瘦黑瘦的,一笑一口白牙闪光,打开门站在眼前,我差点也没认出来是谁。

这就算是度蜜月了。

由于此时逢一国外的工作尚未完成,他们二人暂时分隔两地,各自一头扎进各自的繁忙里。

回国后,女儿自己的家距离我们并不算很远,但她也经常只是通过电话跟我们报个平安问个好。做科研没什么时间概念,经常要星夜奔驰,不分早晚。

我当然很明白这是常态,只是自己在时间里跟跄飞跑时，并没有感到怎样辛苦，但轮到孩子如此，终究会疼惜她如此辛劳。

她全天都泡在实验室，经常深夜甚至凌晨才回家，睡几个小时就又起来去实验室了。日复一日，没有周末。休息时间几乎被压缩到了最低限度。

程朗的事业也在上升期，早出晚归，经常上夜班，两人常常见不上面。

偶尔打电话回家，说来看看我们，把我们高兴的，一早起来在厨房里忙活，就为了让他们好好吃上一顿饭。

但吃饭也常是匆忙的，屡屡被电话打断。然而我们听不到他们的抱怨，他俩总是笑嘻嘻的，浑身上下散发着年轻人奋斗不息的光芒。

他们俩跟我们年轻时多么相像！

就在这样的日复一日里，我和梃之先后到了退休的年龄。

刚从工作岗位上下来，我们一度无所适从，手里拿起一样东西，半天想不起来放下，心里空落落的，失去了依傍。

有一天，梃之忽然提议回趟老家看看。说走就走，次日一早我们就上了火车。许多年没有一起出门，竟有种新鲜的愉悦。我们看着外面的风景，有心无心地聊一聊，困了就去卧铺上睡一睡，竟也很快就到了车站。

下了火车，穿越城区，到了城郊，风凉润润的，被竹林和溪流染成青绿，山仿佛近在咫尺，满山通透的墨绿扑面而来，浮躁没了，凉下来了，静下来了，心下就生出许多欢喜。

终于到家了。

是个小四合院，虽然有一段日子没有打理了，围墙上摇着野草，墙内植物都在疯长，但里面储存着不紧不慢的家常，流动的，这么近，这么柔软。

经过慎重考虑，我们选择退居到这个小院里生活。

我们回到北京，跟逢一说了我们的决定。

她给我们找来搬家公司，将我们的必需物品都托运了过去，也采购了不少东西一并寄往那里。足足收拾了两个多月，终于一切尘埃落定。

站在我们的小院里，已是秋天，天朗气清，惠风和畅。

每天，我和梃之被四周树林子里的鸟鸣叫醒，整饬院落，薅掉野草，种点时令的花和蔬菜，收拾房间，分配用途，最重要的，是按照我们的理想重建了一个书房。

将一本本看过或没看过的书摆上架的时候，就像是把生命中的一小截时光放进时间的格子储存起来。

这个书房，是梃之和我最常安放自己的地方。不出门，就在书房，书房里的岁月淡远悠长。小院的花循着时令开放，我们也循着时令将各路鲜花送至书案上，供奉给书籍雅赏。

此时此刻，我就在这间书房里写下这些文字，检视我们仨的现在和过往。

梃之被这边一家研究机构返聘，每周去上三次课，说不上特别劳碌。他用大量的时间整理《真菌志》，做标本的编目和分类撰写。他忍受不了无事可做的空虚。

隔三岔五的，会有朋友或学生过往来访，小院贡献出它所有的出产，竟也颇合“夜雨剪春韭，新炊间黄粱”的情深意长。

我们就这样将自己寄存在这个不大却丰美的小院里，一天又一天，恬然自适。

结婚两年的逢一，觉得再拖延下去就更没精力和时间了，商议来、商议去，终于决定要孩子。

小宇在一个冬天的黄昏时候出生。

我们提前一天赶到了医院。我还记得那天风特别大，裹着雪旋下来。

小宇的哭声真是响亮。跟逢一出生时一个模样，额头开阔，双眼皮，小拳头攥得紧紧的，饿了能哭得声嘶力竭。

逢一没出月子，就着急忙慌地去上班了。我们帮她找了一个手脚利索的阿姨住在家里照看小宇，阿姨一待就是三年。

多亏阿姨考虑周全，做事利索，不然逢一的生活，甚至是我们老两口的生活都得一地鸡毛。

小宇一岁多的时候，逢一带他过来看望我们，在我们的小院里逗留了三天，殊为难得。她向来没有这么大块的松弛下来的时间。

幼儿期的小宇，像一截刚从藕塘里挖出来的新鲜洁白的藕，散发着人类幼崽从骨子里萌生的吸引力。就见他在小院里走来走去，手里不拘拿着什么东西，嘟着嘴，咿咿呀呀，如一只憨态可掬的雏鸭，欣然可喜。他常蹲在菜田里勤奋地挖土，有时挖出泥下的蚯蚓，会大叫着将它捏起来，跌跌撞撞拿给我们看。他光着脚在花田里踩来踩去，多少花株悉数毁在他的“脚丫”下。

逢一就到书房里翻书，她翻书的速度很快，仿佛一目可以十行。她的眉眼间有种单纯和清透，似乎仍然是以前那个好学的女学生。

她翻到一本诗集，一边跟我闲聊，一边快速浏览。她对文史哲一直兴趣不大，客观地说她也确实缺乏些天分。

她看到了林徽因写给新生儿子梁从诫的诗，却有了共鸣，坐下来，将它抄在了笔记本上。这个笔记本我还留着，跟梃之的笔记本放在一个盒子里。

这首诗就是著名的《你是人间四月天》。当初我生下逢一，抱着粉雕玉琢的她看个不够时，也正是一样的心情。

世上任何一位母亲，大概都想对自己的孩子说："你是一树一树的花开，是燕/在梁间呢喃，——你是爱，是暖，/是希望，你是人间的四月天！"

8

2014年春天，逢一打电话说要去英国访学半年。

三天后，她特意乘飞机过来，陪着我逛了一下午街，大包小包地买了好多东西，吃晚饭时还特意关了手机，跟我们天南海北地聊了好多。

我们只觉得这事儿有点不同寻常，这不是她一贯的作派，但也并没有多想。

我们深知自己的女儿一向是个持重稳妥的人。

哪里知道她撒了谎呢！

她出国有一个月了，中间打过一次电话说牛津大学学术气氛浓厚，人们沉稳宁静，潜心向学，她每天就是教室、图书馆和宿舍，很单一，但收获很大，她还说以后要带我们去看看。

忙于工作和照顾小宇的程朗，虽然有阿姨帮忙，但仍旧分身乏术、疲惫不堪，跟我们商量将小宇送过来代为照看。

次日下午，父子俩就到了。

近五岁的小宇长大了不少，就是偏瘦了点儿。很久不曾见面，见到我们眼神里都是惊慌，直往爸爸身后躲，怎么也拽不出来。只好由着他。

将小宇托付给我们后，程朗当晚就乘飞机返京了。

我送他到院门口，边走边嘱咐了几句。他有点心不在焉地回答我，没想到就说漏了嘴。他赶紧找补说最近连轴转，累糊涂了，说错话了。但我听出不妥，连连追问，他不得不交代事实。

逢一是出国了，但不是做简单的访问学者。她并非去了英国，在闲适的大学里做研究；而是远赴非洲，直奔被疫情撕裂的塞拉利昂，援助当地研判和抗击埃博拉疫情。

埃博拉?!

我只觉得两腿发软，随时要倒下去，但我强撑着精神，将程朗送上门口的出租车。

程朗的眼神中有很多犹豫，他想说什么，但出租车将他和他的话一道带走了。

梃之看到我回来时失魂落魄，与出门时判若两人，有心要调侃几句，等他知道女儿此时正在杀机重重的塞拉利昂，顿时比我还要惶恐，眉头凝成了铁疙瘩，坐也坐不住，站也站不定。

我只好先放下我的忧虑，过去安慰他。

他从事微生物学研究，自然知道埃博拉是怎样一种凶险的病毒。

那阵子，报纸和电视上都见得到埃博拉疫情的报道。这是一种具有极强致命性的丝状病毒，通过接触感染者体液传播，致死率高达90%。病毒破坏免疫系统，导致全身炎症和血管损伤，而且没有特效治疗方案。它曾在非洲多次暴发，造成大量人员死亡，对人类不啻为一个巨大的威胁。

这种病毒通过体液传播，在医疗条件落后的非洲，很难阻止它无限扩散。

而我们的女儿，就在这个病毒肆虐的狂风暴的中央。

梃之立即拨打女儿的电话，但很长时间没有打通。

就这样，两颗心始终悬吊在半空中，做什么都是魂不守舍的。

夜里十一点多，终于将哭闹不休的小宇哄睡了，仿佛用尽了洪荒之力，浑身说不出的疲累。

梃之和我各自辗转反侧,不能入睡。听到电话响，我俩迫不及待地起来去接。

女儿听出了我们按捺不住的焦虑和担忧，努力让我们平静下来，像是在安抚两个躁动的小孩。她的声音非常平和，告诉我们她一切都好，中国专家的防护都很到位，大家已经正常开展测试和救护工作一个多月了。她让我们俩相信她，相信科学，相信国家。

她的声音好像真有治愈和抚平的力量，我们挂了电话，已经觉得安定下来了。

我们四目相对，沉默了半晌，继而不约而同地感慨，女儿果然已经长成一棵轩然大树，已经足够强壮到为我们老两口遮挡外界的风雨，为我们带来安谧的阴凉了。

女儿回国的飞机没有直飞北京，尽管牵挂着程朗，她还是径自先飞到了我们身边。她要第一时间跟我们道歉。

她风尘仆仆地出现在门口。

头发长了，有点凌乱，随意挽了一个发髻挂在脑后。面色有些苍白，眼睛却格外清亮。

她上来就将老母亲抱在怀里，嘴里说着："妈妈快不要担心了，我回来了。"

我忍了几个月的眼泪，这会儿全从眼角哗哗流下来了。

梃之递给我手帕，又用力拍拍女儿的肩膀，嘴里说着"回来就好，回来就好"，转身就去厨房了。

那里有我们一大早就起来准备的女儿爱吃的东西，他一一端上桌。

小宇远远地站着，只是默默地看着妈妈，像在看一个陌生人，逢一张开双臂要抱他，他转身就跑了。逢一愣在那里。吃饭时，小宇也坚决不肯坐在妈妈身边，像个小猴似的猫在我怀里，警惕地看着妈妈。

这几个月，为了让他跟我们亲近起来，我颇费了不少心思，他有这个年龄的男孩子没有的沉默和安静。日头这么大，他蹲在院子里看蚂蚁，一看就是半天，一个夏天下来，整个人晒得黑黝黝的。我忙碌的时候，他就在书房里自己翻书，再不就是到院子里看植物，玩泥巴，几乎跟植物一样静默。我们每个周末都带他一起爬山，慢慢地，在山川江河的熏陶和浸润下，小宇似乎舒展了不少，也会爬到摇椅上捉弄闭目养神的外公，也偶尔会在睡梦里咯咯笑两声。在许久不见的妈妈面前，他似乎又缩回去了，缩回到那个隐形的坚硬外壳里。

梃之安慰失落的女儿:“给他点时间吧，这个孩子很有主意，他跟你生疏了，你得慢慢接近他。”

逢一也就不再勉强小宇，摸摸儿子硬硬的小脑壳，就放他在我的怀里窝着了。

逢一讲起在塞拉利昂的事，讲到那里的落后和疫情下的惨状，讲到中国科学家和医疗队每日的全力以赴，讲到不治者的痛苦和治愈者的感激，特别讲到一个全家均死于埃博拉的九岁小女孩的坚强。她说那个黝黑皮肤的小女孩让她想起自己家小宇，那么弱小，那么无辜，她不能看到孩子承受这些磨难。

她盯着小宇看，小宇只顾埋头对付碗里的面条。

她放下筷子，叹了口气:“人在病毒面前，实在是太不堪一击了。真要战胜这些病毒，只能靠科学。我们还得努力。”

逢一晚上入睡后，一觉睡到次日下午。整个人都沉陷在睡眠里，似乎山崩地裂都不能惊动她。看上去就像在塞拉利昂从来没有睡过觉一般。

日头西沉了，窗棂上是橘色的暖光。她终于醒了。

由于完全松弛下来，她的面容由内向外散发着明净的辉光，这是能担大事的人特有的那种沉静致远的辉光，她的眼睛尤其晶亮。

她狼吞虎咽地吃了一碗青菜面，刚出锅，烫得她龇牙咧嘴，还在笑。

小宇站在旁边看着她，有些担心似的，但仍然不言不语。我问他，要不要跟妈妈回北京，跟爸爸团聚。小宇不回答，缓缓地但很坚定地摇了摇头。我和逢一对视了一眼，我看出了她的为难。

梃之建议让小宇继续跟我们再待上半年，上小学时回北京。逢一跟程朗商议了下，最后同意了。

逢一拖着行李准备离开时，小宇却躲在书房里看一本百科书，无论如何不肯出来。逢一赶飞机，抱住小宇亲了亲他的额头，又听我叮咛了几句，才不舍地离开。

听到车子发动，小宇跑了出来，追到门口，望着妈妈的出租车消失在拐弯处。

9

我们的星系又回到了往常繁忙而有序的轨道上。

小宇回北京了。上小学了。

逢一得了个突出贡献巾帼奖。当上了所在研究室的副主任，肩上的责任更重了。

程朗当上了主任医师，他温良儒雅，医术精湛超群，成为病患们交口称誉的名大夫。

就像那年的春天，一切都在欣欣向荣。

一日，梃之说胃部有些不适，他是惯能忍耐的人，不是特别难受，他不会说出来。

我带他去了医院。

前晚刚落了一场雨，世界像被清洗过一遍，到处是亮晶晶的。梃之很愉快，哼起了俄罗斯的民歌，虽然这是在去往医院的路上。

谁能想到他竟得了绝症呢？他诸多师友活到了九十多岁，依然耳聪目明，因为他们常年在风景极美的秘境中蹚过，身体得到锻炼，心情也总是舒畅的。

偏偏是我的梃之。

……检查结果出来的那天，梃之就直接被收进了病房。

我踉踉跄跄地回家，去收拾些必需品拿给他。脚下的地怎么忽高忽低、忽软忽硬呢？

…………

天上繁星闪烁，一如我们此生第一次相遇的那个夜晚。

风照旧从大山里来，吹起满院新生的绿叶，但在幽暗的夜色里，一切春天的颜色都被覆盖了。

万物一如往常。

时空无边无际。

我锁上门，望着这个两个人用心经营的院子，不由瘫坐在房前的台阶上，默默地哭了一场。

这时才想起来，要给逢一打个电话。她周围簇拥着一堆人，很嘈杂，是年轻人的笑声。她跟我说刚从云南深山的蝙蝠洞里出来，到了一个小旅店。

我克制着自己的声音，跟她讲了梃之得病的事。那边的女儿半天没有说话。

我几乎以为电话断了。

良久，她说她会赶最快一班飞机，她和程朗分别从云南和北京出发。

梃之在病房里度过的那些时光，像是一部黑白老电影，此刻回忆起来，充满亮点和噪声。

他最终还是被那艘船接走了，去向茫茫不可知处，洪波涌起，大风骀荡，那是所有人都终将要去的地方。

黄永玉老先生说："我们是洪荒时代在太空互相寻找的星星，我们相爱已经十万年。"梃之和我的濡沫守候何止十万年。

我们年轻的时候，都那么地热爱保尔·柯察金，那么地相信他告诫我们的话：

人最宝贵的是生命，生命属于人只有一次。人的一生应当这样度过：当他回首往事的时候，不会因为碌碌无为、虚度年华而悔恨；也不会因为为人卑劣、生活庸俗而愧疚。这样，在临终的时候，他就能够说：我已把自己整个生命和全部精力献给了世界上最壮丽的事业——为人类的解放而斗争。人应当赶紧生活，因为一场突如其来的疾病，一个意外的悲惨事件随时都可能中断生命。[1]

梃之，不知那里是不是也有藏匿在繁花之下到处是菌菇的山坡，你是不是在那里也仍然在钻研那些菌物的种属呢？

1 该段引自苏联作家尼·奥斯特洛夫斯基的《钢铁是怎样炼成的》（曹缦西、王志棣译），书中主人公保尔·柯察金的人生经历照耀了中俄几代人的成长道路。

第五章 追求

外婆的“我们仨”，就这样徐徐在我眼前展开。

虽然已经读完，却不舍得与它即刻作别。有一些我所不能理解的情感，慢慢浮上我的心头。那些文字在胸间摩荡，像是一支恢宏的交响曲在殿堂中不断激起回响。

不因虚度年华而悔恨，不为生活庸俗而愧疚。这对于我而言，显得遥远又高级，就像幼年时随他们一道站在草地上，远眺那些遥不可及的圣洁的雪峰。

那天，从外婆的摩托车上翻身下来，小院还是一如既往不声不响地在那里，像一艘停靠在岁月边上的小船。

院子四围是刷白的矮墙，沿墙一排绿树生风。

院门是两扇对开老榆木门，黑漆斑驳，门上原本鲜红的对联被风雨掠去了颜色，但依然精神矍铄。

那些飘逝在风里的童年时光像一群有着雪白翅膀的大鸟，叽叽喳喳地飞回来了，缭绕在我四周，缤纷耀眼。

推开门，小院里正是欢喜而热烈的夏天。一边是小而热闹非凡的花田，繁花几簇，绿草成幅，一片鲜红耀眼的野草莓丛；另一侧是一块菜地，种着深绿浅绿的菜蔬。

我帮外婆将摩托车停进小院门房，外婆指挥着我将行李箱放在右侧两间厢房。那是她为我准备的卧室。

我洗了把脸，擦净双手，就走进了堂屋，去见我的外公。

外公的照片镶在木框里，立在高高的长几上，几上摆着一盘水果，两瓶水培鲜花，淡淡的，是果香和花香。照片上的外公面容英朗，眉眼俊逸，笑意虽浅却仿佛能包容一切。

外公去世有五年了。

跟他在一起的记忆仿佛尘封已久的书，此时被风吹开，在眼前栩栩欲动。

“小小子好好加油，将来去到更广阔的世界里，做点有用的事情！”

他抱着六岁的我，站在大江边，江风浩荡，波浪排涌，他指着远处的江面，这样跟我说。

我们在高山之巅远眺，我骑在他的脖颈上，风将我们的头发和衣服呼呼吹响，他指着那天地间遥不可及的尽头，这样跟我说。

外公，这些年过去，我好像没有做过一件能称得上有用的事情。

我不由垂下了眼睛，我不敢看外公的笑眼。

右手边是一面照片墙，中间是家庭合影，他们仨的，我们仨的，我们两家五个人的。

黑白的，彩色的，时间跨度挺长，他们的微笑始终没有变化。就我垂眉耷眼，嘴角抿得紧紧的，眼神里还带点警惕。

合影四周的照片里，外公的最多，他遍访山川湖海、东西南北，每一帧里的他都有些不同，但笑容就像雨后的蘑菇那样盛大。

外婆的最少，但最美，白衣黑裤的她，坐在漫天的星辉下，对着镜头微微一笑，跟身后的星河一样引人注目。

照片里的妈妈坐在大学图书馆的台阶上、端正地站在蔚蓝大湖的岸边、手扶着实验室的显微镜，嘴角微微上扬，她是个内敛的人。

还有一张爸爸单人的，他穿着白大褂，手插进兜里，站在医院盛开的一株海棠花树前，阳光强烈，他眼睛微微眯着，笑盈盈的。这么年轻，本来应该拥有海棠花一样盛放的未来。

外婆端来一盘洗净的脆红李，青花瓷的盘底还凝着水珠。“来，尝尝院子里的出产新鲜不？”

小小的一个，但是真甜啊，像是把整个夏天的阳光都攒在了果肉里。

我的目光落在外公的一张黑白照片上。

大雪掩埋了森林里的平地，将四周裹得格外严实，他们驻地的几个帐篷被雪压着，显得不堪重负。他正蹲在地上喝一碗水，望向镜头咧嘴笑了，头发蓬乱，脸黑黢黢的，眼睛肿胀，嘴角是烂的。

外婆好像看懂了我的心思，“这张是外公在西藏科考。大峡谷里的天气瞬息万变，这场大雪就突如其来，人们全无防备。你外公后来说，夜里听到大雪咔嚓咔嚓压断树枝的声音，一直担心把路阻断，耽误科考计划呢！”

“外公就不担心会被大雪阻挡，没吃没喝没保暖的，会饿死冻死吗？”

外婆大笑起来，“他们那会儿一门心思就是去科考，去获取科学新发现，恐怕第一个念头都不是自身安危。”

顿了顿，她叹了口气，说：“其实啊，你外公高山反应特别急，比一般人都严重，这都是到了高原上他才发现的，有过两次晕厥，都好不容易才缓过来。但他要决定做什么，谁也拦不住。他去世后，我看他的手记，才知道他高山反应发作时，症状这么可怕。生前，他从来不跟我说细节，都是轻描淡写，怕我担心。”

我想起那年去贡嘎山，多日在峡谷、激流、草原和山地间辗转行走，经历了响晴、大雾、骤雨、小雪的轮番上阵，我不出意外地感冒了。外婆赶紧将我暂时安置在一位牧人的家中，让外公自己跟随一帮路过的登山队去挑战更高的海拔。日头已经斜挂到远处的雪峰顶，外公回来了，脸色很不好看，枯黄的，进屋就躺倒在坚硬的毛毡上，闭上眼睛不言不语。就是因为高山反应，他没能跟登山队抵达心心念念的高度，不得不半途折返。

我跟外婆提起此事，外婆笑说：“你的记性可真好！那一回啊，你外公情况好转后，跟我念叨起他攀高峰一路的所见所闻，说起像星辰一般闪耀的湖泊，积雪皑皑的山峰，说起转山的信徒，徒步的年轻人，眼睛直放光！最后说他到了以前曾采过标本的旧地，那里生长着无数新鲜的菌蘑，还偶遇了一个大蘑菇圈！他虽然头昏脑涨，但看到这些就觉得都值了，没什么事情比这更好了。”

外婆凝视着墙上的照片，陷入了回忆，“你外公每次回来，都像深山野人。那会儿条件不好，不像现在吃穿住行这么方便。别看他是个菌物学家，自己在野外考察时也中过毒呢！你看这张，应该是在秦岭，外头下着滂沱大雨，他们几个人在森林里发现了一个猎人搭建的偶尔住宿的小木屋，欢喜得很呢，在里头过夜，漏雨把身上都淋湿了。第二天都是湿淋淋地继续上路。那次你外公还感冒了，营养跟不上，免疫力变差，又要急行军，赶进度，他本来就容易有高山反应，高原上感冒不是闹着玩儿的。同行的科学家都担心得不得了，只能说，那次真是侥幸。”

外婆拍拍我的肩膀说：“这些事情啊，说三天三夜也说不完。我正在整理日记、书信、照片和一些影像。跟我来吧！也许你能帮我一点忙。”

我跟着外婆进了他们的书房。

外婆从桌上拿起一本封皮发黄、边角已发皱卷起的笔记本，很快翻到其中一页，递给我。“你看看，他的高山反应有多可怕！”

处境如此辛苦,感受如此糟糕,外公却调侃它是“高原女神给我的一个下马威”：

意昕笑我，说我对高原如此心心念念，高原简直就成了我的女神！当我站在青藏高原海拔 3000 多米的高度上，望着那无边无际的碧蓝穹顶、刺破云端的雪山、那不知累积了多少万年的皑皑冰雪，只感到诚不我欺，只想双膝跪倒在这位圣洁的女神面前。

我确实差点儿就跪了，因为我马上就感觉到头昏脑涨，两腿发软，浑身乏力，心烦气短，莫名的烦躁袭击了我，我想伸出拳头去捶打什么，哪怕只是空气，头越来越痛，像谁正在用一把斧头把头颅劈开一样。吃的东西都吐出来了，一切能被抽离出来的东西都被我吐光了，虚脱感前所未有。

没想到会出现这么严重的高山反应。这是女神对我的一片赤诚的回报吗？

后来多次往返青藏高原，我才知道，我的高山反应比起一般人要严重得多。在一个海拔5000米高的冰帽平台上奔走时，我直接休克了；在一个招待所里刚住下就休克了，打了一天点滴才逐渐适应恢复过来；在拉萨一家饭店里刚爬到三楼就一下休克过去，轰然摔倒在地，醒来后仍然冷汗淋漓、浑身不适……

有同事跟我说，我这属于急性高山反应体质。虽说吃尽了高山病的苦头，但我从未害怕过，因为高山病是可以适应过来的。人到地球上来一趟不容易，也不是那么就容易死掉。做人就要多讲奉献，总要为国家、民族、人民多做点贡献，留下点精神。行尸走肉一样苟且活着，稀里糊涂地打发日子，活得再长，也不是我追求的。

我的眼睛像钉子一样，楔在“行尸走肉一样苟且活着，稀里糊涂地打发日子，活得再长，也不是我追求的”这一行字上。

这有点儿像是我的现状。这些字聚在一处，像一株长满了刺的仙人掌，刺得我两眼疼痛。

外婆居然就指着最后这段话，手指点了两下，说：“这些字你当然都认识，但里面的精神不那么容易懂。我们这一辈人，肯吃苦，能战斗，讲奉献，敢担当。不跟国家讲条件，需要我们去哪里就去哪里。你们呢，强的地方真强，比我们强百倍，但不好的地方也实在不少，得填填‘空’、提振提振。”

写下这些话时，外公已经五十多岁，已经从攥得出水的青葱年龄，迈向人生绚烂的秋季。他对科学事业抱有这样炽烈的热情，这样深沉的好奇，这样美好的期待，从来不曾改变，反而与日俱增，渐次深沉，文字再怎么努力克制都阻挡不了它们氤氲一般向纸外漫延。

我仿佛看见，他为亲手打开菌物世界的宝藏而喜形于色，雀跃不已。

书房一侧是个陈旧发黄的木制贵妃榻，榻上挂着一幅卷轴，画着山石灵芝图，外公把科学画和水墨画糅合在一起，创造了这样一种别具风范的绘画。

那会儿相机过于昂贵，他们在野外科考经常只能靠手绘。日积月累，不知不觉，他竟然练出了一手精巧绝伦的科学画技艺，用彩铅将菌物描绘到画册纸页上，栩栩如生，活灵活现。

退休后，他就尝试用宣纸和颜料作画，但他不画岸芷汀兰、园梅山松，满心满眼都是他见过和采集过的蘑菇。形态各异、姿态万方的蘑菇，登入山石花鸟图的小小殿堂，竟也相得益彰、别具一格。

那时他们带着我去寻访山川古道，沿途但凡看到中意的蘑菇，外公就会忙不迭地拽出包里的画材，但见草草几下，纸上就冒出了小蘑菇可爱的萌态。但风物太多，风景俯拾皆是，眼睛尚且应接不暇，画是画不过来的，他便用相机拍下来，等待回去后洗出照片，再选择一二落实到纸面上。

外婆总是调侃他，跟我笑说："你外公魔怔了。这头顶的天空和星辰，满眼的云烟和山川，河流和绿树，都进不了他的法眼，他眼里只有这小小的不起眼的蘑菇。"

外公有时还会将一些可食用的蘑菇采下来带回家，外婆便会拿去收拾干净，做菌菇汤或者用来配菜。在清水里反复淘洗后，蘑菇越发呈现出肥厚的质地和晶亮的色泽。撕成细细的条状，下到面里，撒上现摘现切的青蒜苗，浇上一勺豆瓣酱或者辣椒酱，我敢说，这碗蘑菇面的香气绝对可以"沉鱼落雁"！

外公脸上的皱纹像是被这碗美味熨平了，他兴致勃勃地讲起了一件“蘑菇方便面”的趣事。

他说，那年科考，他们科考队部分人员刚刚险渡帕隆藏布江，惊魂初定，体力残存，看天色还早，大家商量了下，决定继续沿着随拉谷坡行进。

一直在下雨，而且忽大忽小，像个任性撒娇的孩子。大家浑身都湿透了，每个人都睁大眼睛努力辨识脚下的小路，战战兢兢地向前迈步，大气不敢出一口，唯恐多出一口气都会失去平衡栽倒下去。

但路面实在太湿滑了，只听得前面扑通一声，有个同志不小心摔了一跤，衣服沾满湿泥不说，手也因为用力撑在地面上而被石头擦破了皮。

快黄昏才到海拔 2800 米处的冷杉林。林子荒芜，被雨和雾缠绕着。

天黑前他们必须选好营地搭起帐篷。

大家分头去寻找地方，但到处都是湿漉漉、滑腻腻的，都很为难。

最后发现有两棵巨大的杉树在空中枝杈纠缠，它们遮蔽的地面差强人意，大家终于松了一口气。

有人扎帐篷，有人找柴禾，外公就去寻找蘑菇佐餐，雨后的杉林里到处是鲜美的蘑菇，肥嘟嘟的，比高山草甸上的鲜花喜人得多。

外公仔细辨别，采了一些常见的可食用蘑菇。大家齐心协力做了一顿蘑菇方便面！

大家纷纷表示从来没有吃过这么美味的方便面，把外公狠狠夸奖了一通。

外公说，这就是山川和雨水的味道，是自然最道地的味道。不过，外公话锋一转，拍着我的脑袋笑着说："当年在大峡谷只能吃方便面时，大家都夸那蘑菇方便面是天下至味。他们哪里知道，我们家小宇外婆的手艺才真正是天下无双！"

蘑菇方便面，在我跟随他俩前往川西山脉间"探秘"的时候，也吃过一回。那次有两位年轻的叔叔同行，开着辆小货车，我们就坐在货车的车厢里，山路非常难走，我在外婆怀里睡着了，醒了就喊饿。大家把包裹翻了个遍，只有两桶方便面了。停下车，四周薄暮冥冥，外公看了看，信步向一处山林走去，回来时，塑料袋里装了不少圆圆顶的蘑菇。他在溪水里清洗，撕成小块，递给外婆放到面桶里。蘑菇哪有方便面香呢！而且有股子土腥气。但我还是都吃光了。有了面的加持，就有了底气，我就安静地拱在外婆怀里，听外公和那两位叔叔闲聊，不时爆发出大笑声。

第六章 征途

书房里堆满了书，一直摆到房顶。大部分是菌物学和天文学的专业书籍，自然科学的科普书籍，也有些文学类的书，厚厚薄薄的，都很有些年头，书皮都发黄甚至发黑了。《钢铁是怎样炼成的》《战争与和平》《聂鲁达诗选》《俄罗斯经典诗歌选集》，还有一些中国诗选和字帖。书桌四周放着文件夹和档案袋，桌上则是各种信件、记事本、日记本、散落的纸张和相册。

外婆示意我坐在书桌对面的藤椅上，递给我一本书。

《我们仨》。

“读过吗？”

我摇头。

“打开第一页，读给我听听啊。”外婆眼睛里是温柔的笑意，她也坐了下来，很松弛，眼神里是鼓励。

我翻开第一页，轻轻念了起来：

我们仨失散了，家就没有了。剩下我一个，又是老人，就好比日暮途穷的羁旅倦客；顾望徘徊，能不感叹“人生如梦”，“如梦幻泡影”？

但是，尽管这么说，我却觉得我这一生并不空虚；我活得很充实，也很有意思，因为有我们仨。也可以说：我们仨都没有虚度此生，因为是我们仨。

“我们仨”其实是最平凡不过的。谁家没有夫妻子女呢？至少有夫妻二人，添上子女，就成了我们三个或四个五个不等。只不过各家各个样儿罢了。

我们这个家，很朴素；我们三个人，很单纯。我们与世无求，与人无争，只求相聚在一起，相守在一起，各自做力所能及的事。碰到困难，锺书总和我一同承当，困难就不复困难；还有个阿瑗相伴相助，不论什么苦涩艰辛的事，都能变得甜润。我们稍有一点快乐，也会变得非常快乐。所以我们仨是不寻常的遇合。

现在我们三个失散了。往者不可留，逝者不可追；剩下的这个我，再也找不到他们了。我只能把我们一同生活的岁月，重温一遍，和他们再聚聚。

我心里涌上来各种奇妙的感受，交缠在一起，有惘然，有伤痛，有自我宽慰，有淡淡的希望。

“这是杨绛先生写的书。你知道杨绛吗？”

我点点头，“我看过钱锺书的《围城》，知道她是钱锺书的夫人，此外没什么了解。”

“这本书就是一份追忆，追忆她跟钱先生和女儿钱瑗在一起的生活。看得我老泪纵横。但我想跟你说的，不是杨先生的他们仨，而是我自己的‘我们仨’。我也想写一写你的外公、外婆和你的妈妈。

“正是杨先生的他们仨,启发我重新打量‘我们仨’。杨先生一家是人文学界的名流，我们三个都是搞自然科学的，籍籍无名，远没有他们影响那么大，但我们有我们的奋斗、我们的充实和我们的喜怒哀乐，我记录下来，也没有别的希求，不过是想给我自己留个念想。”

外婆的声音不紧不慢，不疾不徐，她的面色是那样清朗，眼神流动明亮，我想那一定是吸收了浩瀚星空的寥廓所致。我在网上冲浪时，曾经看到一句话“愿你出走半生，归来仍是少年”，当时并不懂它的意思，人已衰老，如何少年？但不知为什么，就在这一刻，我分明在外婆身上感受到了这种少年感。

当天晚上，我靠在床头，翻看《我们仨》、外公的笔记，还有照片。

夜已深沉，但我依然没有睡意。那里面有种藏得很深的情绪，想抓也抓不着，让我感到心中某处极度酸胀。那种失去亲人后的失魂落魄，我一点也不想要。他们都是我最亲的人。即使我跟妈妈聚少离多，但我爱她甚于爱我的生命。

第二天，外婆提着竹篮子，带我去拜祭外公。外公的墓距离他们的小院不算很远。经过一口池塘，一片竹林，一座小庙，约莫走上半个多小时就到了。外公的墓不大，白石砌成，三面是青砖矮墙，墙外有棵白杨树，金色的阳光从白杨树枝杈间筛下来。

外婆把食物一一摆盘放在墓前，轻轻地说：“梃之，你看谁来了？”

我跪倒在外公墓前，给外公磕了三个头，我在心里说：“外公，我来看您了。”眼角立即湿润了。

外婆蹲下身，轻轻拔着墓碑前的杂草，墓碑上外公正慈祥地看着我。我咬开白酒的瓶盖，将酒哗哗地全倒在外公墓前，酒香顿时在空气中弥漫开来。我说：“外公，这是我妈给您寄来的酒，您尝尝好喝不？”

一只尾巴颀长、胸腹部雪白的鸟不知从哪里飞了来，就停在矮墙上，时时四顾，然后又飞走了。

“梃之，小宇这次来，正好可以帮我一起把你这一辈子梳理梳理，把咱们一家三口生活过的那些轨迹都整整清楚。我也老啦，得赶紧赶在跟你团聚之前，把这桩心事给了了。”

外婆用白手帕轻轻擦拭着墓碑上外公的照片。

空气仿佛起了极微极细的颤动。风开始在白杨树枝丫间簌簌作响，泠泠的，像是一根神秘的手指在拨动时光之弦。

在院子里玩累了，我会钻进外公的书房，扒着书桌的边沿，将捡来的小石头、菜青虫、瓢虫、野草，一股脑堆放到书桌上。他的目光从老花镜后面投过来，很慈祥，点点头，示意我出去玩。我看着他紧蹙眉头，在那么厚一本书上圈圈画画，很觉得有趣，想看他在画什么。胳膊一伸出去，打翻了桌上的墨水。墨水洇湿了一大片，有几滴还溅到他的白汗衫上了。他手忙脚乱的样子，真好笑啊。

“外公，这只瓢虫怎么了？”我指着一动不动的瓢虫问。

“哦，应该是死了。”外公瞄了一眼，就又继续看他的书。

“什么是死了？”

“唔……”外公看着我，若有所思。

“什么是死了？”我又追问他。

“死了，就是从现在这个样子，变成另一种样子。”

“怎么变呢？”

“就拿这只小瓢虫来说，它死了，就不再是一只小瓢虫了，它可能会变成花瓣、泥土、大树、蘑菇，甚至会变成人。死就是脱掉现在的壳，但不是消失了。”

“它如果还是想变成瓢虫呢？”

“也不是没可能。生命就是这样，总在循环中。”

“什么是循环？”

……

离开墓地，我提着篮子，跟在外婆身后，沉默着向前走，青草又高又深，被人蹚出一条窄窄的小径。

这条小径随意蜿蜒，引领我们的脚步不觉来到一条溪流边。水上擎着荷花，野性，散漫。水面跃动着金黄的光点。

外婆和我分别在两块干净的青石上坐了下来。

看着阳光在粼粼水波上轻捷跳荡，我的脑海里蓦地浮现出之前随便翻看的一本书，名字有点意思，叫《坟场之书》。

我想起书里写到的死亡女神的模样，她骑着一匹银灰色的高头大马，身披一条月光一般流泻下来的及地长裙，眼神是深邃的温柔，足够给任何一个濒死的人以抚慰。

我跟外婆聊起了这本书，外婆很感兴趣，听我说了半天。

我说书中提到，有一天，所有死者的灵魂都将归来，重返人间，与活着的人们相与共舞，彼此身姿婉转，几乎融成一体。

我用力想了想那个共舞的场景，很真诚地说："人鬼一起舞蹈，真的是特别和谐、欢喜和美好的一幕。我读了很感动。”

外婆沉吟了很久，慢慢地说：“这真是特别达观的对于死亡的态度。我喜欢这样的态度。”

那几天熬夜翻书后忽然而至的颓废感上身了，我轻佻地说了一句：“所以好像死也没什么了不得的。”

外婆目光突然犀利起来，她看了我一眼，说：“怎么能随随便便就说这样的话？死是值得敬畏的。”我立即觉得自己在外婆面前说这样的话太随意了，太过分了。

一只硕大的青蛙凸着两眼，从草丛里跃进水中，啪的一声轻响，水纹向四周层层漾去。有翠绿翅膀的蜻蜓款款飞来，在伸出水面的细长草叶上点来点去，最后栖定在临岸的一株草上。

外婆说：“要说看透生死，总归是要看到了更广大的生死才说得上。跟天文学家看到的时空相比，寻常生活里的时空仿佛蝼蚁一般无足轻重。但其实恰恰相反。为什么呢？因为组成你身体的所有元素都是千百万年前，在一个遥远的星球核心里造就的，那个星星后来爆炸了，逝去了。几百万年过去，它们聚在一起构成了你。你在宇宙中是独特的，绝不会再有第二个。你就是一颗星辰。所以，你要珍惜你的‘生’。”

水面上有好些只水蚂在竭力跳跃。我想起一个故事，说这是一种朝生暮死，只有一天生命的水上的虫。凝神细看的话，会看到一只细脚的蜘蛛居然将蛛网从河的对岸拉到了这边一株蒲苇上。

“我们中国人总是说向死而生，活着才有万千可能。我这么大岁数，都不敢说自己活明白了，但我重视每一个当下，努力让这个当下过得有点价值。你这么小，还有大把的日子和无数的滋味等着你呢，而且你们都努力了，世界才能变得更好。”

蝉鸣的声音此起彼伏，像是谁在敲打一面鼓。有长颈白腹的水鸟掠过水面，水波悠悠转着圈，像是被时光遗忘的陀螺。

“你外公垂危前那天，回光返照，跟我聊了一些身后事。”

我默默地听着，接过外婆递给我的一瓶酸梅汤。是她自制的。酸酸甜甜，沁人心脾。

“那天夜深了，病房外那棵大槐树上开满了白槐花。病房里都是香气。你外公让我打开窗户，好让香气进来。他想起他母亲给他蒸过的槐花饭。然后，我们看到天上有许多星。他叹了口气，跟我说，他还没有看够，还有好多事情没有做完，很遗憾。”

外婆沉浸在回忆中。“然后，我跟他说，在另一个平行宇宙里，我们还会相遇，世界还会重新开始。宇宙就是一个庞大的记忆系统，任何东西都会留下它的痕迹，没有失去，也没有忘记，也就没什么可遗憾的。”

外婆笑了起来，她说：“话虽如此，我还是有我的执念，余生我要做的，就是把我们用力生活过的痕迹记录下来。”

孟夏草木长，蝉的鸣噪仿佛要无穷无尽下去。

第七章 奔赴

这车轮的轰响声仿佛也要无穷无尽下去。

抬头望向车窗外，天已转阴，空中不知何时已集聚了铅灰色的云，风猛烈地裹挟着些许雨珠摔打在窗玻璃上。

光隐遁得如此之快，天色很快暗了下来，转眼间四周都是哗哗的雨声。

我想起了诗人海子的一句诗：“夜色笼罩，草原的尽头我两手空空，悲痛时握不住一颗泪滴。”我一度沉迷于这些意象，沉迷于这样密不透风的暗色，没有跳离的能力，继而被反噬，被吞没，置身于凛冬之中。

在我终于回到外婆身边之前，这句诗仿佛就是我全部的生活写照。

刚才，在外婆简短的回忆录里，我看到了妈妈在我一岁时抄给我的那首《你是人间四月天》。四面风，春的光艳，闪烁星子，柔嫩喜悦，爱，暖，希望。这些明亮照人的美好，也是妈妈眼里的我吗？

外公和外婆的那些言语，就在耳边荡漾，像是向一潭静水里投了一颗石子，袅袅不绝地，水纹围绕中心往四周缓缓扩散。

我的眼泪冲决而出，痛痛快快地流了很久。那些困

惑、忧虑、怀疑和自我否定，好像也被冲刷出去了不少，微弱的光亮从眼泪冲决出的缝隙里照了进来。

不知不觉，我也睡着了。

没睡过这么松弛的觉。好像每一根神经都被捋直了、摊平了，懒懒地在阳光下晒。这一觉像是一条小船，载着我回到摇晃的温柔怀抱里。

醒来时，正迎上外婆的微笑：“睡得好吗，小伙子？我们到站了，马上要见到你妈妈了。”

妈妈站在站台上，向我们快速走来。高原的阳光如此明亮耀眼，将她苍白的肤色晒成了青铜色，她的黑发甚至也被晒成了栗色。她的眼角还有些疲惫，眼神里嵌着碧蓝的天，喜悦充满她的眼睛，像云朵伸展过广袤的天空。

“妈妈！小宇！可把你们等来了！”妈妈张开双臂，同时拥抱了外婆和我。她身上有种高原植物的干燥气味。

我拖着行李，跟着外婆和妈妈一起，走到车站外面。那里停着妈妈租来的越野车。妈妈把行李装进后备箱，看着我说：“在外婆家里过得愉快吗？”

我点点头。我想跟她说，我有点想她。但我还是忍住了。

车奔驰在高原上。天空晴燥，是没有边际的蔚蓝，云朵飘摇，仿佛触手可及。云掠过高山，只是稍停了一下，仿佛在打招呼，就又飘走了。白色牦牛和羊在山地上漫游。

我们要去妈妈这次科考的营地，青海湖附近。

外婆说："小宇真帮了我不少忙，人老了，很多事力不从心，重担子还得年轻人来挑啊！他在，我省了好多心。"

外婆拍拍我的手背。

车窗外，一条长长的河谷。油菜花正在盛放，金黄色几乎要扑进怀里。

"妈，你这次去八宝小学帮忙搞天文夏令营，可要注意点身体。毕竟也是七十岁的人了，体力哪能跟年轻时比。"

山峦起伏，雄鹰飞过，草野青绿，一望无际。苍翠的原始森林，宁静得像是绿色的冰川。

“你不要担心我。我每年都来，做了六七年了，我有数。何况，我只怕现在去爬山，都比你还要快呢！”外婆看看我，又说，“还有小宇给我做助手，只会更轻松。倒是你，经常跟病毒打交道，要小心些。”

我还没有看够这一路好山好水，就到了青海湖岸。

金黄、碧绿和蔚蓝，这三种色调将天地间视线所及处填得满满当当。明黄色的，是油菜花田；淡金色的，是沙丘；葱绿色的，是草原。还有裸鲤，那奋不顾身拼死跳过险滩的鱼，这么有力量。还有雁鸥，在湖面上成群地飞翔。

下了车，妈妈要送外婆去房间休息，我对她们说：“外婆，妈妈，我想去湖边骑会儿车。我看看青海湖。”

妈妈点点头：“去吧，中国最美的湖，值得你好好看看。”

青海湖是一辆奢华到夸张的马车，八月坐在马车上，闪耀着不可直视的光焰，来到这里。青草上开满了花朵，土壤守护着它们的秘密。一步之遥，沙丘和草原两两相望；一湖之隔，雪山和花海相映成辉。大片大片的云堆集在天边，在风的指挥下，上演着惊心动魄的戏剧。远望青海湖，是纯粹的黛绿色，如碧琉璃。

我停了车，走近湖边，看到湖面颜色不停变换，从靛青到浅蓝，从明黄到绯红，异彩纷呈。光线和水面，一起进行着色彩的魔术。一片水，能容纳这么多层面。

这广阔的世界，深深地、深深地安慰了我。

我翻身上车，在湖光山色中，飞快地骑行起来。迎面来的风，都成了我的翅膀。一切都不再是个事儿了。

星河慢慢转移到头顶，湖水渐次褪去颜色。湖畔开始闪烁橘色灯火。

我赤脚坐在湖边，看夜色一点一点浓起来，落到我的头发上、肩膀上。原来夜晚的到来是这么有层次有韵律的。

清风徐来，湛蓝的天幕上闪烁着无数繁星。整个银河都悬垂了下来。

这倒下来的星河，让我惊得说不出话。

外婆悄悄站在我身后："有人说，你我皆为星辰之子，每一个细胞都书写着整个宇宙的历史。当你凝视自己，也就望见了宇宙的轮廓。"

她说得很慢，很柔和，但这话听着这么陌生和新鲜，而且听着那么像一个巨大的道理，让我很是震动了一下，我不由表达了一下我的仰慕："这话听着像哲学家说的，外婆。"

妈妈此时笑出声来："如果一个人经年累月地凝视星星，凝视整个宇宙的历史，还不够资格成为哲学家吗？"

外婆和妈妈在我旁边坐了下来，妈妈的手搭在我的肩膀上，我们一起看向星空。

"当我们望向遥远的恒星和星系时，其实就是在仰望过去，望向我们自己的起源。我们就是恒星的孩子，我们的故事就是宇宙的故事，铸就我们身体的每一个原子和分子，都是宇宙从大爆炸到现在全部的历史。”

“所以，”外婆用力拍了拍我，“从这个角度看，你还敢小看自己吗？还感觉自己微不足道吗？”

我看了看妈妈，她没有看我。我知道，她们一定谈到了我，谈到了我心上那片萦绕不散的阴霾。但是妈妈不知道，我已经不是十天前的我，也不是今天中午的我了。

星河如此皎洁，世界如此壮美，此时此刻，我只想这么默默地看星星，当自己是个空无一物的容器。

我们仨就这样，仰头看那些钻石一样晶莹剔透的星，天空就像一棵开花的樱花树。那些来自上百万，甚或上亿年前的光像露珠一般缓缓滴落到我的眼睛里，而新的星星正在绽放。

“就是要活得有滋有味，否则你就称不上是‘生命’，不过是一团随机排布的分子罢了，只能随波逐流。”

“我这把年纪，已经感觉到衰老正在身体内部缓慢滋长，我坦然接受它，不抗拒，但我仍有一些精力，大把的时间，足够的阅历和智慧，满格的热情，我希望还能做点事,在需要我的地方。八宝小学在穷困乡间，那里的孩子见过最美的星河，却没见过乡间以外的世界。我努力带一点希望和见识给他们。”

“孩子，出发吧，谁不会遇到烦恼事呢？不用怕，将那些烦恼装进你的行李箱。然后，给你的宇宙套上马鞍，看它会带你前往哪里。”外婆拍拍我的肩膀。

次日凌晨，四点多钟，妈妈叫醒了我，驱车前往黑马河。那里是观看日出的最佳地点。星光寥落，湖岸笼罩在幽蓝的宁静里。尽头一片灰白在缓缓散开，渐渐地，多了点儿鹅黄，空中渲染出巨大的暖色圆弧。不一会儿，鲜亮的橙红从鹅黄的边缘陡然升起，夜色被很快驱散，云朵上了严妆，湖水成了金色的海。奇迹正在现身。玫瑰色的光束点亮了湖面，点亮了湖岸的礁石。鸥鸟穿梭于霞光中，霞光与波光一起流变不息。

我的眼睛湿润了。这就是我的宇宙套上马鞍后的景象。而我，必定能够成为站在他们仨身边并且同样勇敢的那个人。

作者的话

当我在电脑上敲完《他们仨》最后一个字时，世界突然安静了下来。然后，我就听见初夏的风从季节的深处奔来，愉快地翻阅起窗外的白杨树，就像翻过一部绿意蓬勃的诗集。

我平日的工作，就是跟科学家们一起，传播科学知识，弘扬科学精神，提升大众的科学素养，特别是推动更多的孩子对科学产生兴趣，进而积极探索。在我们组织的每一场科普活动中，都能见到孩子们热切的眼神，听到他们踊跃的提问，这些鼓舞着我将科学普及和科学教育当作一个神圣的使命全力以赴。

我接触了许多科学家，也在文献和发黄的档案里了解过更多的科学家，他们有太多动人的故事，太多可歌可泣的精神，无不令人高山仰止。这些故事和精神像散落的星子，等着被排布成明亮的星河。于是，有了《高原上的小向导》以及这本《他们仨》的努力和尝试，期待孩子们在故事里深刻领会科学和科学家精神的温度和力量，期待它们成为孩子们科学启蒙路上两片踏实的铺路石。

当然，创作它们，也有私心在。我有两个孩子，大女儿跟这本书中的“小宇”同岁，也是一样的敏感细腻，也在经历兵荒马乱的青春期，跟许多孩子一样常常陷入困惑和迷茫，需要更宏阔的精神引领。希望我笔下的故事能触发她，让她有所思考。小女儿八岁半，沉迷各种故事，热衷各种科学小实验，爱在楼顶看星星，爱在山野间探索虫子世界。她和每一个孩童一样，心中有一颗科学的种子，等待和风细雨的召唤和培植。感谢我的工作，让我对此有太多的事情可以做；同时，我也希望用故事的雨露去浇灌种子，毕竟对故事的热爱和向往刻在人类的基因里。没有人不爱听故事，孩子们更是如此。小女儿认真读完了《高原上的小向导》，居然也认真地做了摘抄，写了读书笔记，希望这本《他们仨》同样得到她的肯定和鼓励。

科学的星辰大海，从来不属于某个特定的群体。每个认真观察过蚂蚁搬家的孩子，每个为一朵花的开放写过观察日记的孩子，都是天生的科学家。愿这份与生俱来的好奇心，一路伴随在孩子们成长的道路上。世界上最动人的故事不在书里，在人们用一生去追寻答案时眼睛里闪烁的光中。

最后，要郑重地感谢那些在历史长河中照亮人类文明的科学家们，是他们星辰般的光芒，指引着我写下这些文字。感谢微生物研究所一直在悉心指导和鼎力支持我的前辈们和同事们。感谢倾注心力将这本书带到世界上来的编辑老师们。特别感谢一直在默默支持我的家人。有你们真好。

刘黎琼

2025年5月